KB235396

절대로 손해 안보고 내집 마련으로 재테크하는 기술

절대로 **손해** 안보고 **내집 마련**으로 재테크하는 기술

어득해 지음

이코노믹북스

절대로 손해 안보고 내집 마련으로 재테크하는 기술

초판 1쇄 인쇄일 / 2003년 8월 5일
초판 1쇄 발행일 / 2003년 8월 15일

지은이 / 어득해
발행인 / 유창언
발행처 / **이코노믹북스**

출판등록 / 1994년 6월 9일
등록번호 / 제10-991호

주소 / 서울시 마포구 서교동 355-29 금성빌딩 203호
전화 / 335-7353~4
팩스 / 325-4305
e-mail / pub95@chollian.net
pub95@naver.com

ISBN 89-86190-96-6 03320

값 13,000원

※ 잘못 만들어진 책은 교환해 드립니다.

　이름을 대면 알 만한 부동산 전문가가 있다. 외관상 그 분은 경제적인 여유를 누리고 있다. 하지만 그 속내를 들여다보면, 다소 실망스런 부분이 없지 않다. 그 경제적 여유의 정체는 적지 않은 유산을 잃지 않으려고 애쓰고 있는 것일 뿐, 특별한 '재테크 노하우'가 있는 것이 아니었기 때문이다.

　어느 날 그 분과 조용한 술자리를 한 적이 있다. 내심 부러움을 가지고 있던 필자는 용기를 내어 그 분의 '경제적 여유에 대한 배경'을 물어보았다. 답변은 의외로 간단했다. 다른 사람들이 유명한 부동산 전문가인 자기에게 투자자문을 요청할 때면 별 부담 없이 상담을 하고 있지만, 개인적으로 만족할 만한 재테크 노하우와 투자 성과는 사실 없었다는 것이다. 얼마나 당황스러웠는지 모른다. 어쩌면 나는 인생의 선배이자 동종업계 선배인 그 분에게 좀더 '자극적이면서 특별한 그 무엇'을 기대했는지 모르겠다.

　어느덧 부동산 업계에서 일한 지 십수년이 지났다. 부동산 실무

현장에서 적지 않은 부동산 투자 및 재테크 환경들을 경험했다. 그러면서 많은 고객들을 만났다. 고객들의 대부분은 진실로 어떻게 해야 할지를 모르는 사람들이었다. 공통점이 있다면 나름대로의 투자대안을 찾기 위해 기꺼이 먼 길을 마다 않고 찾아왔다는 점이다.

이런 고객을 마주하면서 필자가 할 수 있는 특별한 것을 해드리기 위해 적지 않은 고민을 하곤 한다. 하지만 매매계약, 입지 분석, 투자상품 분석 등 실무적인 문제에서는 고객에게 만족스러운 답변을 어렵지 않게 드릴 수 있었지만, 향후 투자 방법, 경기 전망, 취득 시점 등 내부변수, 외부변수를 종합적으로 감안해야 할 문제에서는 단순 답변으로 해결하기 어려워 그저 같이 고민만 하는 경우가 많았던 것이 솔직한 사실이다.

같이 활동하고 있는 많은 부동산 전문가들과 이와 같은 고민을 이야기하다 보면 공통점을 느낄 수 있었다. 그 분들도 마찬가지 생각을 가지고 있었다. 내심 내노라 하는 부동산 분야의 전문가들도 재테크에 목말라하는 서민들에게 '특별한 투자 노하우'를 선뜻 주지 못하는 어려움이 늘 있었기 때문이다.

고객들과 부동산과 관련된 상담을 하다 보면 빠짐없이 듣는 질문이 하나 있다. "전문가님께서는 부동산에 대하여 워낙 아는 것이 많으시니 돈도 많이 모으셨겠네요?" 이런 내용의 질문을 주변에 있는 전문가들에게 나도 한 적이 있다. "김 선배님, 부동산으로 진짜 돈 좀 버셨나요?" 결론은 그렇지 않은 경우가 절대적으로 많았다는 사실이다. 중이 제 머리 못 깎는가 보다.

대부분의 사람들은 정성을 들이지 않고 고기 잡는 법을 가르쳐 달라거나 또는 고기를 잡아 달라고 하는 경우가 많다.

시중에 범람하는 부동산 재테크 책들이 있다. 그 책들을 부디 잘 살펴보기 바란다. 제목만을 보아서는 그럴듯하지만 그 내용은 과거 잘 팔렸던 재테크 책들과 별반 다르지 않다는 점이다. 어떤 측면에서는 ‘눈 가리고 아웅한다’고 하면 먼저 책을 썼던 많은 선배들이 눈쌀을 찌푸릴까?

솔직히 고백하건대 이 책도 특별한 것은 없을 수 있다. 다만, 범람하는 부동산 정보, 투자 노하우, 분양상품 등에 대하여 이제껏 터부시되었던 것들을 있는 그대로 다루어 보고자 한다. 이를테면 그저 ‘수박 겉 핥기 식’의 나열된 정보가 아니라 독자가 나름대로의 판단 기준을 가질 수 있는 진실된 이야기를 담아 보기로 한 것이다.

많은 부동산 재테크 책 속에서 쉽게 찾을 수 있는 공통적인 원칙을 정리하면서 독자에게 좀더 필요한 부분이 있다면 그것에 대하여 필자와 독자 간 지속적인 관계를 유지하면서 업데이트된 관련 정보를 제공할 생각이다.

출판 제의를 받은 뒤 많은 고민을 했다. 서점에 깔려 있는 그저 그런 재테크관련 책 한권을 더 만드는 것이 아닌가? 때때로 참고하라며 압구정의 변천사를 들려 주시던, 압구정에 30년 이상 살아 온 PB(Private Banking) 어떤 고객이 계시다. 출판과 관련된 고민을 말씀드렸더니 쉽게 결론을 내 주셨다.

"인연이라고 생각하게, 지금껏 나에게 진실되게 상담해 왔던 것처럼 투자관련 내용을 적어 보게."

"인연이 있다면 내가 자네와의 대화 속에서 무언가 얻은 것처럼 독자도 그럴 것이라고 생각하면 좋겠네."

책을 준비하면서 많은 사람들에게 소홀했다. 강원도에 계시는 부모님, 그리고 사랑하는 아들(윤혁)과 아내(소연)에게 진심으로 감사한다. 이코노믹북스 출판사 유창언 사장님, 곁에서 많은 힘을 주는 친구 영민과 재식, 김세민, 김대립에게 또한 감사드린다.

압구정동 사무실에서

어득해(魚得海)

Contents

Contents

Contents

제5단계 – 새로운 정부, 투자전략을 바꿔라

Contents

내 집 마련, 이젠 '역발상'이 필요하다

"내 재테크는 내 집 마련이야!!!"

이 책을 보시는 여러분께서는 '당신의 재테크는 무엇입니까' 라는 제 질문에 선뜻 대답할 수 있습니까. 누구는 어떻게 해서 얼마를 벌었더라, 누구는 집을 샀는데 7천만원이 올랐더라는 이야기를 주변에서 종종 듣습니다. 그런데 여러분은 어떠신지요?

저는 감히 말합니다. '내 집 마련이 곧 재테크'라는 것을. 돈이 없어서라는 이야기는 먼저 꺼내지 않았으면 좋겠습니다. 주변에서 내 집을 마련할 자금을 좀더 일찍 만들기 위해서 주식 등을 한다는 이야기를 종종 듣습니다.

물론 생각한 대로 된다면 무슨 문제가 있겠습니까. 하지만 가지고 있는 전세금까지도 밑빠진 독에 물붓기 마냥 주식으로 잃어버린 뒤에는 무엇이 남을까요. 얼마나 위험천만한 일입니까.

내 집을 마련하면 자연스럽게 재테크가 가능해집니다. 우선 마음이 여유로워집니다. 여러분들의 내 집 마련은 한결 편안한 마음으로 부동산 뉴스를 볼 여유를 만들어 줍니다.

'어디 집값이 오름세'라는 말에 이전처럼 불안하지 않습니다. 또한 적어도 물가상승률 이상의 투자 가치는 '먹고' 들어갈 수 있습니다. 집값이 오르면 오른만큼의 자본 이득이 뒤따릅니다.

예전에 가졌던 생각을 조금 바꿔 생각해 보세요. 평생 전세를 살 생각이 아니라면 모르겠지만 좀더 진지하게 생각해 보세요. 그냥 기다리면 도대체 언제 내 집을 마련할 수 있겠습니까?

01 당신만을 위한 전문가는 절대 없다

전문가는 있다. 그러나 오직 나만을 위한 전문가는 없다. 내가 스스로 전문가가 되겠다는 생각과 노력이 요구된다. 일용할 양식이 아닌 '고기 잡는 법'을 얻기 위해서는 어떻게 해야 하는지 곰곰이 생각해 보자.

회사원 김대세(36) 씨는 작년에 원래 목표한 대로 '집'을 사지 않고 '주식'에 투자해서 본 손실을 생각하면 지금도 잠이 잘 오지 않는다. 지난 수년 동안 수도하는 마음으로 아껴서 모아 둔 목돈으로 계획한 대로 내 집을 사기 위해 여러 곳을 다니고 있던 중이었다. 문제는 주식이었다. 사내교육 중 한 증권전문가의 말에 쏙 빠지고 말았다. "지금이 바닥입니다. 이런저런 종목을 중심으로 투자하시면 반드시 오릅니다."

'집이 먼저니까 우선 내 집부터 마련하자'는 집사람의 만류에도 불구하고 그 동안 모았던 주택 마련 자금의 대부분을 주식에 '몰

빵'을 한 것이다. '전문가가 확신에 차 추천한 종목이야. 우리 주식으로 돈을 불려 좀더 큰 집으로 이사가지' 라는 말을 태연스럽게 덧붙이면서.

결과는 참으로 냉혹했다. 작년 2월경 종합주가지수 800에서 지금 종합주가지수는 600~650 내외, 코스닥은 50 수준으로 사실상 '기고 있는 상황' 이었다. 덧붙여 그때 그 종목을 자신에 찬 목소리로 추천하던 그 전문가는 이렇게 말하는 것이 아닌가? "지금은 관망하며 추이를 지켜 봐야 한다." 정말 기가 찰 노릇이 아닌가.

김씨는 이번 일로 비싼 수업료를 지불한 셈이다. 괴로워 밤을 지샌 적도 있고, 집사람과의 사이도 예전 같지 않다. '왜 그때 그런 선택을 고민도 없이 쉽게 했을까.' 김씨는 곰곰이 생각해 보았다. 결론은 간단했다. 가족의 생활근간인 의식주 중 주택을 외면하고 스스로 만든 '로또 광풍' 에 휩쓸려 버린 원인은 '맹목적인 추종' 이었다.

얼마 전 기록적인 시청률을 기록하며 인기몰이를 했던 『올인』이라는 드라마가 있었다. 마침 불어닥친 '로또' 와 맞물려 사람들에게 도박을 통한 '한탕' 을 부추긴 측면도 어쩌면 있었던 드라마였다. 그 드라마 속의 어떤 대사는 기억해 둘 만했다. "포커 게임은 도박이 아니라 확률이다." 막연한 기대나 감으로 하는 심심풀이 놀이가 아니라 철저한 게임이론, 심리분석 그리고 확률분석에 따른 과학이라는 것이었다.

김씨처럼 전문가를 믿어야 하고 믿을 수밖에 없는 상황일 것이다. 하지만 중요한 것은 그 전문가의 투자대안을 '액면 그대로' 믿기보다는 전적인 투자 책임을 지는 '내가' 최종 판단을 하는 '조언'으로 그것을 활용하여야 한다는 사실이다. 그 점이 가장 큰 수업료였다.

전문가, 맹신하면 낭패를 당할 수 있다

시티그룹, 메릴 린치 등 월가를 대표하는 대형 금융회사들이 주식투자자들에게 엉터리 주식을 추천하고, 은행의 이익에 도움을 많이 주는 기업들에 대해 긍정적인 내용의 보고서를 쓰거나 투자 등급을 올려 준 부당행위로 벌금을 물게 되었다고 한다.

게다가 시티그룹의 계열증권사였던 살로먼스미스바니(SSB)의 유명 애널리스트였던 잭 그룹먼은 이번 부당행위와 관련하여 개인적으로 벌금을 무는 동시에 증권업계에 종사할 수 없게 되었다고 한다.

투자자를 위해 객관성, 공정성, 투명성을 원칙으로 삼아야 할 애널리스트, 증권회사들이 투자자의 이익은 뒷전에 두고 오직 회사의 우선이익에만 관심을 가지고 있다는 것을 여실히 느낄 수 있는 대목이다.

독자를 오도하고 객관적 판단을 망치게 할 수 있는 대목이 또 있다. 미국의 유명 시사주간지 『타임』의 한 경제기자가 한 '고해성사'를 곰곰이 생각해 볼 필요가 있다. 그는 최근 몇 년간 자신이 경제기자로서 저지른 과오를 타사 지면을 통해 신랄히 자아비판했다.

요지는 기자들이 기업의 문제점을 제대로 드러내지 못했기 때문에 독자들이 경제현상에 대해 올바른 투자 판단을 하지 못했을 수도 있었다는 것이다. 더 나아가 객관성이 결여된 채 기자들이 경영자나 기업을 지나치게 추켜세우는 '치어리더' 역할에 급급했다는 고백이다.

기자는 "이제부터 기자들이 해야 할 일은 더 이상 많은 투자자들이 현혹되기 전에 향후 있을 수 있는 또 다른 거품을 제때 터뜨리는 것"이라고 덧붙였다고 한다. 참으로 두렵고도 놀랄 일이 아닌가?

결론은 분명하다. 시장에 정통한 전문가의 무책임한 투자대안, 사실을 전하는 기자들의 신문기사를 맹신해서는 안된다. 이제 투자의 중심은 바로 '나'이어야 하는 분명한 이유가 여기에 있는 것이다.

개인, 소액 투자자들이 가지는 한계는 분명 있다. 정보 수집의 한계성, 객관적 판단의 어려움, 선택의 기준 등. 전문가를 외면하고는 성공할 수 있는 가능성은 낮다. 신문기자들의 발로 뛰는 취재기사를 외면해서도 그렇다. 다만 나의 태도를 다시 한번 따져 볼 필요가 있다.

 절대로 손해 안보고 내 집 마련으로 재테크하는 기술

02 내 집 마련, 알아야 면장을 한다

오직 나만을 위한 전문가는 없다. 그렇다면 내가 전문가가 되자. 부동산 전반에 대한 전문가가 되는 것은 한계가 있다. 하지만 내 집 마련에 있어서는 어느 정도 나도 전문가가 되어야 한다. 알아야 '면장'을 하기 때문이다.

오직 나에게만 전속된 정보를 제공해 줄 수 있는 전문가가 있을 수 있을까? 현실적으로 볼 때 그 어떤 전문가라도 나만을 위해서 절대적으로 시간과 노력을 지속적으로 투입할 수는 없다. 경제 논리에 충실할 뿐이다. 그렇기 때문에 선택에 따른 책임이 나에게 있는 한 스스로 충분한 조사를 전제로 판단과 선택을 하여야 한다.

전문가의 의견은 대부분 거래에 중대한 영향을 미칠 수 있는 정확한 것으로 구성되어 있다. 그렇다고 해도 일정 부분은 나에게는 '독'이 될 수도 있는 내용이 있을 수 있다는 가능성(의심이 아닐 것)을 절대 간과해서는 안 된다. 전문기관의 보고서나 신문기사를 그냥 따르기보다는 내게 문제가 될 만한 것, 나의 현재 상황에서는 적합하지 않은 것, 전문가의 판단 근거 등을 따져 볼 일이다. 나에 대해서 나만큼 잘 아는 사람이 없기 때문이다.

내 선택에 따른 모든 책임은 그대로 나의 몫임을 명심하자. 전문가도 책임을 함께 지지는 못할 뿐더러 크게 도움이 안 될 수도 있다. 내가 스스로 선택의 순간에 신중해져야 한다. 좀더 사실을 확인하기 위해 '발품과 손품'을 쉼없이 팔아야 한다. 이것은 다만 마음먹는 것으로는 충분치 않다는 것을 알자. 전문가 못지않은 노력, 아니 전문가가 되겠다는 마음으로 노력해야 한다. 전문가에게 한결 정확하게 전문지식을 알아내고, 또 그런 전문가의 말을 이해하기 위해서라도 그렇다. 얼마나 성과를 거두느냐는 나의 노력에 달려 있다는 것을 알아두자. 가령 전문가 의견에 따라서 생긴 투자 손실도 혼자서 해결해야 하는 것이다.

내 집 마련 기술, 나만의 '선택기준'이 필요하다

부동산 재테크 도서는 참으로 많다. 모두 좋은 내용이다. 다만 읽는 사람이 판단할 문제이기는 하지만 도서 내용이 단순히 '고기를 잡아 주는 듯한' 내용이 많다. 도시의 정글에서 살아남기 위해서는 일용할 양식이 필요한 것이 아니다. 반드시 '고기 잡는 법'을 체득해야 한다. 범람하는 정보의 홍수 속에서도 '펄떡이는 월척'을 잡을 수 있는 기술이 필요한 세상이다.

멀리서 찾지 말자. 나도 부동산 전문가의 시각을 흉내내 보자.

 절대로 손해 안보고 내 집 마련으로 재테크하는 기술

처음부터 전문가로 태어나는 사람은 없다. 우선 내가 살고 있는 아파트(주거형태가 아파트가 아니라면 늘 관찰할 수 있는 아파트)를 좀더 정확히 분석해 보는 것이 가장 중요하다.

부동산 경기를 구성하는 많은 국내외 변수들을 감안할 수는 없지만 '나만의 부동산 경기분석 지표'를 만들어 보자. 살고 있는 아파트의 지난 10년간 아파트 가격 추이분석을 하자. 인터넷 부동산 정보업체 사이트에 가면 이런 류의 분석은 무료로 얻을 수 있다. 거기에 지역사정에 정통한 독자에 의한 좀더 자세하고, 깊은 분석이 뒤따르면 더 좋다.

그리고 몇권의 부동산 도서, 인터넷을 뒤져 보면서 지난 10년 동안 있었던 주요 부동산 정책을 정리해 보자. 역시 깊이가 가미되면 더욱 좋겠다. 분석한 이것을 내가 살고 있는 아파트 가격 분석표(10년간)와 오버랩시키자.

사실 부동산 경기를 주도하는 가장 큰 주제는 '정부 정책의 변화'라고 할 수 있다. 이제껏 부동산시장은 '보이는 손'이 지배하는 구조였다. 지극히 인위적인 정책을 위한 정책이 상당 부분 되풀이되어 왔다. 따라서 부동산 정책을 알면 부동산의 흐름을 느낄 수 있는 것이다. 오버랩시킨 자료를 잘 들여다보자. 정부의 어떤 정책에 따라서 아파트 가격이 어떻게 변동되어 왔는지 변화를 느껴 보자. 그것이 다름아닌 전문가의 시각일 것이다.

좀더 재미가 붙거나 관심이 있다면 정부 정책 변수외에 관련 변수들(통계 경기지표, 체감 경기지표, 금리, 주식시장, 은행상품, 투자신탁상품, 유가, 국제 변수 등)을 가능한 한 범주화하여 지금껏 부동산시장에 어떤 영향을 주어 왔는지 따져 보자.

하지만 결코 자만하지는 말자(전문가를 활용하자)

위와 같은 분석적 시각과 노력을 견지하면 나름대로의 투자 대세와 흐름은 감지할 수 있지 않을까.

그럼 전문가는 필요가 없을까? 그렇지 않다. 전문가에게 의지해야 할 가장 큰 것은 바로 부동산 거래의 기술적인 부분, 특정 상품 분석 등이다.

전문가는 그래도 전문가이다.

그들이 가지는 강점을 충분히 활용하고 관계를 맺는다면 서로가 서로에게 필요한 관계로 정립되지 않을까. 프로와 아마추어의 관계라는 겸손한 자세로 나만의 경기분석을 게을리 하지 않는다면 '최악의 선택'은 하지 않을 것이라고 단언한다.

참고로 전문가에게 자문하는 요령을 일러준다.

전문가에게는 "~할까요"를 묻는 것보다는 "~해서는 안 될 것은 어떤 것인가요"를 묻는 것이 현명한 방법이다.

전문가의 오랜 경험과 실무지식은 동물적으로 '하지 말아야 할 것'에 대하여는 정확하게 지적할 수 있다고 생각한다. 하지만 '할 것'에 대하여는 전문가가 자신의 일처럼 생각하고 많은 시간과 노력을 들여야만 '할 것'을 신중하게 선택할 수 있기 때문이다.

'내것이라면 과연 이런 결정을 했을까'에 자신있는 전문가, 그런 관계를 유지할 수 있는 전문가를 한두 명 사귀어 두면 재테크는 이미 '반' 성공한 셈이다.

 절대로 손해 안보고 내 집 마련으로 재테크하는 기술

요점을 정리하면 다음과 같다.

〈나만의 부동산 경기분석 지표〉

- H아파트

  1) 지난 10년간 아파트 가격 추이 분석(인터넷 부동산 정
     보업체 사이트 통해)

  2) 지난 10년간 주요 부동산 정책을 정리

  3) H아파트 지난 10년간 가격 분석표

  4) 전문가와 상의

03 모두가 어려울 때 내 집을 장만하자

모두들 어렵다고 아우성이다. 전반적인 투자여건이 어렵다. 하지만 위기는 기회라고 한다. 어쩌면 지금이야말로 미뤄 왔던 내 집을 마련할 시기가 아닐까 싶다. 한번 뒤집어서 생각해 보자.

투자할 마음이 전혀 들지 않는다. 지금 각종 경제지표상의 여건은 생각보다 그리 낙관적이지 못하다는 것이 공공연한 사실이다. 서민들이 실제 경제활동에서 느끼는 체감경기는 예전의 악몽(IMF)을 다시 일깨우고 있는 형상이다. 이러한 경기 전반에 걸친 서민들의 불안심리가 늘어나면서 지출을 줄이고 어려운 시절을 대비하기 위한 유동성 자금을 확보하려고 하는 보수적인 소비 형태가 나타나고 있나.

정부의 강력한 부동산 안정대책이 연일 계속되고는 있지만, 부동산에 대한 투자열기는 좀처럼 식지 않고 있다. 외관상 부동산 경

 절대로 손해 안보고 내 집 마련으로 재테크하는 기술

기가 정부의 정책적인 변수로 다소 주춤한 듯 보이지만 시중의 부동자금은 '정중동의 양상'을 보이고 있다. 다소 숨고르기에 들어간 모습으로 투자에 따른 제약이 덜한 상가, 사무실, 지방의 아파트 분양권 등으로 움직이고 있다는 소식이 들린다.

물론 현재의 모습이 '추세'를 형성할지는 좀더 지켜 봐야 할 일이지만 실수요자 입장에서는 지금 내 집 마련을 생각해 볼 만하지 않을까. 특별한 외부변수가 생기지 않는 한 주택 가격은 적어도 물가상승률 이상으로 꾸준하게 상승할 것이다. 따라서 실수요자들이 느끼는 상황은 '현재와 같은 경기 침체기라고 하더라도 더 늦기 전에 내가 살 집은 무조건 마련해 둬야 한다'라고 느끼고 있다. 내 집 마련이 늦으면 늦어질수록 손해라는 것을 체감적으로 알고 있기 때문이다.

분양가 자율화로 막연히 청약통장에 기대어 내 집 마련을 미뤄왔던 사람들에게 이제는 아파트 당첨이 투자이익으로 연결되지 못하는 상황이다. 우선 작년 부동산 열풍으로 인해 거품이 빠진 급매물이나 보유 여력이 없는 분양권시장을 눈여겨 보는 것은 어떨까.

어려울 때 생각해 보는 내 집 마련의 역설

장기적 경기침체에 대한 우려로 투자심리가 크게 위축되고 있기는 하지만 우린 경험적으로 모두들 어려울 때 한발 앞선 판단으로 나름대로 내 집 마련에 성공한 사람들, 조금 더 넓은 집으로 큰 자금 부담 없이 이사한 사람들의 이야기를 우리 주변에서 심심치 않게 들어서 알고 있다. 문제는 신중한 결정과 이에 따른 신속한 행동이다.

지속적인 시중금리의 하향 안정세, 다양한 주택금융 상품, 분양업체의 중도금 무이자대출 등 실질적인 아파트 분양가 할인 혜택 등을 감안할 때 오히려 남들이 모두 움츠리고 있는 지금이야말로 내 집 마련에 대한 신중한 선택을 고민할 그런 때라고 생각하기 때문이다.

동시분양을 통하여 분양된 서울 지역의 많은 아파트 매물중에서 실수요자외에 투자 목적으로 분양받은 사람들은 이미 경쟁적으로 분양권을 중개업소 등에 내놓고는 있지만 매수자가 선뜻 나서지 않는 상황이다. 이러한 분위기는 당분간 계속될 것으로 보여 투자 목적으로 청약통장을 사용하여 분양받았던 사람들은 진퇴양난의 어려움에 처할 것으로 보인다. 이러한 매물들은 나름대로 시장에서의 가격조정을 거쳐 현재보다는 상당히 저렴한 가격으로 새로운 주인을 기다리게 될 전망이다.

따라서 내 집 마련을 계획하고 있는 실수요자들은 이러한 경제 여건에 따른 특화된 아파트 상품에 관심을 가져야 하며, 정부의 정책적 주택 마련 대출자금을 적절하게 활용하는 것이 무엇보다 필요한 시기라고 생각된다. 분양권 외에 앞으로 공급될 신규 입주물량에도 많은 관심을 가지면 생각보다 좋은 위치에 저렴한 가격으로 재태크 수단으로서 내 집 마련을 이룰 수 있을 것으로 전망된다. 제일 좋은 아파트, 선호도가 높은 아파트보다는 '차별화된 2등 전략'이 요구된다.

내 집 마련에도 전략적 대응이 필요한 시기가 왔다

이제는 내 집 마련 전략도 단순하게 청약통장에 가입하여 일정 기간 기다리며 기회를 노리는 전략에서 다분히 경제적 여건 변화에 따른 틈새시장, 특화된 상품에 대한 집중적인 대응으로 이어지고 있는 모습이다. 한편 서민들 입장에서는 '머니게임'에서는 승산이 없지만 '내 집 마련'에서만큼은 나름대로의 정보력과 판단력으로 신속하게 대응하여 지지 않겠다는 자세가 요구되는 시기라고 할 수 있다.

서민들의 내 집 마련 태도를 보면 어쩌면 이제까지는 '기다림의 미학'으로 생각하는 관점에서 탈피하여 더욱 적극적으로 공략하기 위한 '전략적 노하우'가 필요한 시기가 바로 지금이라고 보여진다.

부동산시장····· 어디까지가 진실인가

넘치는 정보. 도무지 혼란스럽다. 이 말도 맞는 것처럼 보이고, 저 말도 그렇다. 정녕 나에게 맞는 기준을 잡을 수가 없다. 내 집을 갖기 위해 돈 모으는 것도 하루하루가 힘겨운데 사야 하는지, 말아야 하는지 모르겠다.

사실상 부동산시장을 단적으로 표현할 수 있는 방법은 없다. 때문에 '예측과 전망'은 분분하다. 시장을 분석할 시간조차 없는 실수요자들이 어디에 기대야 할지 모르는 것이 현실이다. 가능하다면 신문, 방송, 인터넷 사이트에서 다양한 의견들을 정리해 주면 좋겠다고 생각한다.

단순하게 누구는 어떻게 생각하고, 누구는 이렇다 식의 나열식 정보보다는 많은 사람들이 궁금해하는 '내 집 마련' 특집이 자주 있었으면 한다. 쉽게 정리할 수 없다면 내 집 마련 상품별, 지역별, 시기별 구분을 통한 순환적인 특집도 좋다. 좀더 구체적인 내용을 포함해서 말이다.

한 경제연구원에서 발표한 '집값 전망' 리포트에서 실수요자가 참고하면서 볼 내용을 정리해 보자. 당시는 IMF 막바지여서 대체적으로 거시경제, 미시경제 지표가 그리 상승무드가 아니었다는 사실을 밝혀 둔다.

그 '집값 전망' 리포트의 요지는 '예전처럼 집값이 단기적으로 급등하기 힘들다'라는 것이었다. 물론 단기전망(향후 1~2년)에 관한 것이었고, 전망 후 주택시장에 단기적으로 영향을 줄 정부 정책, 시장의 반응, 내수경기 등은 미리 고려치 않은 상태에서 전망 발표 당시의 상황을 전제로 한 내용이었다.

(1) 주택공급 과잉 구조 및 주택수요 둔화 상태라는 점

당시 가구수 증가는 20만호 안팎으로 둔화되었지만 주택공급은 자연멸실분을 감안해도 매년 50만가구 이상 지속되었다. 공급이 줄었지만 여전히 미분양이 발생하고 있고, 잠재 주택공급 능력이 연간 60만호 이상이어서 수요를 2배나 초과하는 것으로 추정되어 집값이 급등하기 어렵다는 내용이었다.

[실수요자가 감안할 내용]

총량적인 주택공급량이 과연 집값을 안정시킬 수 있는지에 대하여 생각해 볼 필요가 있다. 정부는 2003년도에도 주택 55만가구를 공급해 주택보급률 100%를 달성하겠다고 한다. 2002년 당시 주택보급률도 무려 96% 수준이었다. 하지만 2002년도 국내 부동산시장은 달아오를 대로 달아올랐다. 가히 '천정부지'라고 표현해야 할 정도였다.

부동산 가격이 올랐던 근본 이유는 무얼까. 아마도 지속적인 저금리 기조가 유지되면서 어마어마한 시중의 유동자금들이 단기간 내 대체투자처인 부동산시장으로 급속하게 유입되었기 때문이 아닌가 생각된다. 물론 그 단초는 과거 10년 전 부동산값 폭등 때도 그랬듯이 강남 지역 아파트였다.

앞으로도 단순히 총량적인 공급물량의 증가로 집값이 안정될 것이라는 통계적 전제는 그리 설득력이 없어 보인다. '주택 공급물량 증가로 인한 지방의 미분양 문제는 그 전부터 있어 왔던 부분이다. 지방에서 주택이 부족해 전반적인 주택 가격이 상승할 가능성은 언제부터인가 상상 속에서만 가능했다. 다만, 문제는 서울 및 수도권 지역의 절대공급량 부족이라는 점이다. 과거 어느 때도 지방에서부터 부동산 가격 상승의 불씨가 지펴졌다는 얘기는 들어본 적이 없다.

'총량적인 공급물량 증가'라는 변수가 부동산시장에 절대적인 영향을 미치려면 적어도 수도권 주택보급률이 100% 수준 이상이 되어야 가능하다고 확신한다. 또한 적절한 부의 재분배가 이루어지지 않는 한 실현이 어렵다고 생각한다.

그 이유는 별다른 소득이 없는데도 모두 26채의 아파트를 보유하고 있는 50대 부인이 있는가 하면, 최근 4년간 부부 합산 소득을 3300만원으로 신고한 변호사·의사 부부가 아파트와 상가 16채를 보유하고 있다는 것 때문이다.

통계 수치상 주택보급률 100%, 중산층 붕괴, 도시화 추세의 한계 등으로는 설명될 수 없는 '전통적인 부동산 집착 현상'이 없어지지 않는 한 이런 일은 반복적으로 지속될 수밖에 없다. 부동산 보유과세 강화, 양도소득에 대한 명확하고 확실한 과세, 상속 및 증여에 대한 공평한 적용 등이 '반드시' 필요하다.

(2) 대체투자 매력 적고 집값 수준이 너무 높다는 점

주택 구입비에는 주택 가격의 10%에 육박하는 부대비용이 들기 때문에 주택 보유 기간 동안 최소한 (10+대체 금융상품 수익률)% 이상 되어야 투자할 수 있다. 또한 주택 가격의 절대 수준이 높아 일반 금융상품보다 높은 투자수익률을 기대하기 어렵다.

[실수요자가 감안할 내용]

적절한 포트폴리오 구성을 위한 전제는 투자성, 안전성, 현금성이 최적의 상태로 고려되어야 한다. 하지만 현재의 유동적인 시장 상황은 부동산시장도 똑같지만, 금융상품이나 주식상품 등으로 단기간 집중적으로 흡수되기는 쉽지 않다고 본다.

하지만 부동산투자에 지대한 관심이 많은 부동산시장 '큰손'들의 투자철학은 다소 객관적이지 못한 것이 사실이다. 그들은 부동산투자에 따른 부가가치가 높기 때문에 한두 개의 사업이 실패하더라도 나머지 사업에서 성공한다면 손해보지 않는다고 생각하는 경험적 투자철학에 익숙한 편이다.

따라서 부동산투자에 필수적으로 동반되는 취득 · 등록세, 채권 등의 부대비용에는 그리 큰 관심을 두지 않는 경향이 있다.

또한 현재의 소득 수준에 대한 집값의 비율이 상당히 높은 편이다. 향후 부동산 가격이 더 상승한다고 판단하는 것이 쉽지는 않다.

하지만 지금의 상황은 어떠한가 살펴보자. 1~2년 전 부동산 가격이 절대적으로 높은 수준이었므로 구입을 주저했던 많은 사람들은 지금 후회를 하고 있지 아니한가? 부동산 가격 특히, 주택 가격은 투자가치 측면보다는 삶의 안정적 기반 측면에서 볼 필요가 있다. 아울러 구입에 따른 많은 고민이 전제되어야겠지만 가능한 빠른 시간내에 실천에 옮기는 것이 필요하다. 예를 들면, 서울 강남 지역의 아파트 평당 가격이 2천만원이 넘을 것이라고 예상했던 부동산 전문가는 거의 없었던 것이 사실이다. 그만큼 부동산 가격 예측은 어렵다.

(3) 소유보다 주거로의 가치관 변화와 정부의 정책에 대하여

주택에 대한 가치관이 소유보다는 주거로 변화되는 것과 빈부 격차가 심해져 구매력이 없는 저소득층이 늘면서 주택을 빌려서 사는 사람이 늘어나는 한편, 정부 정책이 집값 급등을 원하지 않기 때문에 집값이 급등하기 어렵다고 하는 것이 그 경제연구원의 보고서의 다른 요지였다.

그러나 주택에 대한 가치관이 바뀌는 것을 선진국과 단순 통계치로 비교하는 것은 설득력이 떨어진다. 연구기관들이 향후 전망을 할 경우 현재 주택 보급률 등의 국내 수준이 선진국에 비하여 떨어질 경우 '선진국이 이런 상황에서는 이렇게 변할 것이다' 라는 식의 보고를 하는 경우가 많았다. 사실과는 큰 괴리가 있었다.

주택에 대한 가치관 변화도 그 중 하나라고 볼 수 있다. 비교한 선진국이 어디인지는 정확히 알 수 없지만 미국의 경우를 볼 때 개발 가능한 주거 가용토지가 우리나라와 비교도 되지 않는다. 학교에서 배우기로는 그 나라는 재개발 또는 재건축의 개념이 거의 없다는 이야기를 들은 적이 있다. 땅덩어리가 워낙 넓어서 현재의 슬럼화된 지역을 재개발하는 것보다는 새로 짓는 것이 경제적 효과 면에서 더 높다고 한다.

또한 구매력이 없는 저소득층일수록 내 집 마련에 대한 욕구는 더 높을 수도 있다는 생각을 해 볼 수 있지 않을까. 흔히 '집 없는 설움'이라는 말을 쓰지 않는가. 오히려 여유가 있는 사람일수록 소유보다는 주거 개념을 더욱더 가질 수 있을 것이다. 청약 자격이니, 프리미엄이니 하는 제한적 기준들 이상의 부를 가진 사람들은 언제든 필요하다면 집을 가질 수 있기 때문에 얼마간의 프리미엄을 챙기기 위해 밤새도록 모델 하우스에 장사진을 치지는 않을 것이기 때문이다.

오히려 있는 사람들은 투기 목적으로 얼마간의 돈으로 사람을 고용해 돈벌이 수단으로 프리미엄을 노린 '줄서기'에 더욱 열을 올리고 있는 실정이다. 있는 사람들은 주택(아파트, 주상복합, 오피스텔 등)이 경험적으로 볼 때 주식이나 금융상품보다 더욱 확실한 재테크 수단이라는 것을 알고 있기 때문이다. 향후에도 돈이 될 수 있는 상황이 된다면 더욱더 주택을 장단기 투자상품으로 선호할 것이 확실해 보인다.

한편, 당국이 집값 급등을 원한 경우는 한번도 없었을 것이다. 정책 입안자 또는 행정가들이 보편 타당한 생각을 가졌다고 전제할 때 집값 급등으로 인해서 본인들의 집권을 결정해 주는 국민들 대다수의 원성을 사고 싶지 않을 것이 확실하기 때문이다.

또한 당국이 집값이 급등하면 곧바로 대량 공급 정책을 실시할 것이라고 하는 것이 과연 현실적인 생각인가 싶다. 그것이 주택보급률로 주택정책의 성공을 말하는 것과 과연 무엇이 다른가 싶다.

필요할 때 집값을 진정시킬 수 있을 만큼 매력적인 조건(가격, 생활환경, 직장 이동의 편리성 등)을 제시할 수 있는 여유 토지가 어디에 있다는 말인가. 바로 공급에 착수한다고 해도 현재의 수요를 충족시키려면 적어도 공사 기간 동안의 공백이 있음을 알고 하는 말인지 모르겠다.

05 실수요자, 지금 집을 사야 하나

수도권 분양시장을 중심으로 '내 집 마련'을 하고자 하는 사람들로 붐비고 있다. 모델 하우스에 청약 대기자들이 1만명 이상 들락날락하고 있다. 하지만 주변에서는 '더 떨어질 수도 있다'라는 견제의 멘트도 들린다. 실수요자는 어떻게 해야 할까?

지금 집을 사야 할까? 한 부동산 정보업체의 조사를 보면 다음과 같다. 아파트 구입의 적기로 1/4분기로 꼽은 응답자가 35.2%를 차지했다. 하지만 더 많은 사람들은 2분기 이후 아파트를 구입하는 것이 좋겠다고 응답했다고 한다. 1/4분기를 저점으로 보는 의견이 가장 많았지만 대다수가 현재의 집값 하락세가 더 오래 갈 것이라는 '감'에 의지한 막연한 기대를 가지고 있는 것으로 보여진다.

사실상 부동산시장만큼 예측이 어려운 시장도 없다. 그 어떤 전문가도 단언적인 전망을 할 수가 없는 상황이다. 경험적으로 부동산시장은 언제든 변할 수 있음을 알고 있기 때문이다. 주식시장처럼 객관적인 수치가 정형화되어 있는 것도 아니고 실적으로 판단할 수 있는 것도 아니기 때문이다.

결론적으로 지금 집을 사야 할까, 말아야 할까? 실수요자라면 지금 집을 구입하는 것이 좋다고 생각한다. 부동산시장의 특성을 감안할 때 투자환경을 구성하는 국내외 정치·경제적 상황보다는 시장의 분위기에 따라 언제든 상승 가능성을 내포하고 있기 때문이다. 투자목적을 감안한 구입은 배제한다. 내 집을 마련하고 있다는 것은 투자 가치 측면보다는 심리적 안정감, 최소한의 투자이익 보전(물가상승률 등)이 실수요자에게는 중요할 수 있기 때문이다.

저금리 지속, 계속적인 부동산 가격 하락은 없다.

부동산시장의 가능성을 재는 척도는 바로 '금리'다. 정부의 강력한 부동산 규제로 시장이 다소 약보합세를 유지하고 있지만 부동산 주변에는 아직도 많은 '대기수요'가 있다. 대체투자할 마땅한 대상이 없기 때문에 많은 여유자금들이 부동산시장 주변에서 맴돌고 있다.

그렇다면 집을 사야 한다고 전제할 때 금리는 현재의 저금리 기조를 유지해야만 할 텐데 어떨까. 결론적으로 단기간내 그럴 염려는 없다는 것이 대체적인 판단이다. 경기침체가 계속되고 있는 상태에서 당장 대외적인 여건도 그리 확실한 것이 없기 때문이다. 물가가 다소 불안해 걱정스럽기는 하지만 대세를 바꾸는 것은 그리 쉽지 않다고 전문가들은 전한다.

　또한 경기부진 때문에 예산 조기 집행 등 부양책까지 거론되고 있는 분위기에서 국정을 운영하는 담당부처에서도 금리를 더 인하하여 경기부양을 감안할 상황이지 금리를 올릴 수 있는 여건이 아니라는 것이다.

　따라서 금리와 집값은 역관계가 분명하게 나타나고 있어 주택공급 물량 등이 증가하여도 저금리는 지속될 가능성이 높다. 그러한 전망 속에서 집값은 적어도 보합세를 유지할 것으로 예상되어 내 집 마련을 늦추는 것은 그리 바람직하지 않다.

부동산 투자환경, 무엇이 문제인가

　내수 침체, 세계경제 불안, 정부의 투기 억제 기조 등이 현재의 부동산시장 활황을 억누르고 있는 주요 변수라고 볼 수 있다. 혹

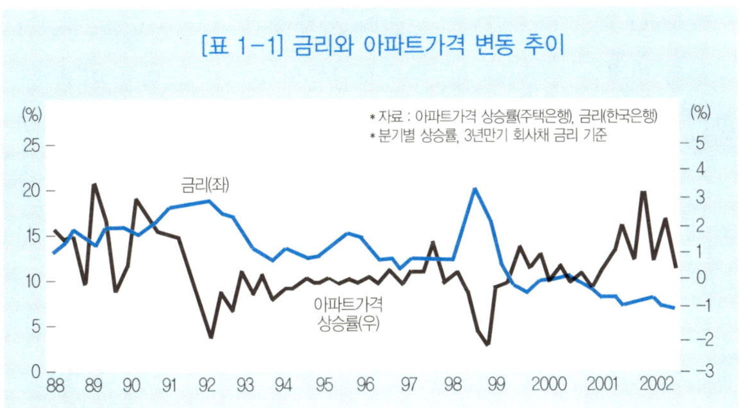

전쟁이 난다고 해도 '내 집'을 가져야 한다면 우스운 이야기로만 들릴까. 근본적으로 투자 여건 호조를 기대하며 부유하고 있는 시중의 여유자금이 380조원이 넘는다고 한다. 언제든 가능성이 확인되면 바로 투입 가능한 '투기성 자금'이다. 대세 확인 후라면 이미 실수요자의 내 집 마련 계획은 사실상 '머니 게임'에서 경쟁력이 현저히 떨어지기 때문에 의미가 퇴색될 수 있다. 따라서 심리적인 가능성을 확인한 지금이 내 집 마련을 심각하게 고려할 시점이 아닌가 싶다.

아울러 분양시장 활성 요인을 주목할 필요가 있다. 서울 등 수도권을 중심으로 한 풍부한 실수요층, 저금리에 따른 시중자금 단기 부동화 심화, 계약금 인하 등 파격적인 아파트 마케팅 전략 등이 그것이다.

이에 따라 전반적인 아파트시장의 분위기도 반전되고 있는 모습이다. 물론 수도권이라는 국지적 한계성을 거론할 수는 있지만 부동산시장, 특히 아파트시장은 수도권을 빼고 나면 할 이야기가 매우 적어진다. 사실상 원가연동제 이후 아파트 분양가가 주변 시세와 같거나 높은 지금 왜 수도권의 시장 분위기가 중요한 것일까. 흔히들 말하는 수급불균형, 주택보급률의 진정한 의미를 이곳에서 찾아야 하기 때문이다.

지방에서의 아파트 값이 부동산 가격을 견인했다는 이야기를 들어 본 적이 없다. 문제는 서울 등 수도권이다. 전국 주택보급률이 100% 수준이 되었다고는 하지만 서울 등 수도권의 경우 주택보급률은 고작 80%가 조금 넘었다. 좀더 깊이 생각해 보면 매우 심각한 수준이다. 한 사람이 아파트 10여 채를 가지고 있을 수 있다는

 절대로 손해 안보고 내 집 마련으로 재테크하는 기술

'부의 편중'을 변수로 감안할 때 말이다.

실수요자, 내 집을 마련해 보자

내 집을 마련키로 마음먹으면 약간의 파이낸싱을 전제로 언제든 집을 구입할 수 있는 사람들이라면 지금이라도 내 집을 마련하자. 아파트 가격 하락세가 전반적인 분위기를 형성하고 있는 상태에서 하반기 들어 입주 물량이 급증할 것으로 보인다. 정부의 가계대출 억제, 양도소득세 중과세, 세무조사 등 고강도 부동산시장 안정대책이 있다고 하지만 그 대상은 실수요자가 아니다. 그저 먹고 싶은 것 안 먹고 돈을 모아 내 집을 마련하고자 하는 사람은 평생토록 '양도소득세를 납부'할 가능성이 매우 적기 때문이다.

다만 언제 사는지에 대한 문제만큼은 개인적인 사정을 충분히 고려해야 한다. 내 집 마련을 고려하고 있는 대기 수요자들의 심리적인 대세를 확인한 지금부터 신중하게 내 집을 구입할 자금 계획, 위치 선정, 청약 전략 등을 꼼꼼히 챙겨 볼 필요가 있다. 다소 급한 마음을 앞세우다 보면 생각치 못한 어려움에 직면할 수도 있다. 내 집을 더욱 좋은 조건으로 마련하기 위해서는 남보다 조금 빠른 판단과 선택이 필요한 것이다.

내 집을 마련할 때 유의해야 할 사항 중 가장 중요한 것은 매수 타이밍이다. 적절한 매수 타이밍을 위해서는 주변을 둘러싼 불확실한 환경을 가능한 한 제거해야 한다. 통상 잘못된 투자자의 경우에는 다음과 같은 실수를 한다.

투자자들이 미래의 주가를 가늠할 때는 현재의 상황을 그대로 미래에 투영하는 경향이 매우 크다. 예를 들면 주가가 상승하고 있으면 미래의 주가도 오를 것이라고 생각하고, 하락하고 있으면 역시 미래에도 하락할 것이라고 생각한다는 점이다. 결과적으로 주가가 가장 고가에 있을 때 사들이고 바닥에 있을 때는 파는 실수를 하게 된다. 내 집 마련할 때도 이런 실수를 감안할 필요가 있다.

따라서 현재의 상황이 미래에 어떤 결과를 가져올지에 대하여 충분히 생각하는 것이 필요하다. 모두들 집값이 떨어지고 있어 더 떨어질 것을 기대하다가 기회를 놓치는 경우가 많다. 각자의 상황이 다르기 때문에 좀더 적극적으로 매입을 검토할 때 내 집 마련의 안정감과 더불어 시세보다 저렴한 물건을 구입하여 투자가치까지 기대할 수 있다.

아파트 가격이 횡보(橫步)하고 거래가 부진할 때가 사는 사람이 좀더 유리한 입장에서 가격흥정을 할 수 있는 시점이다. 지금과 같은 안정국면에서는 단타 위주의 수익을 기대하는 것보다는 '살 집을 찾는다' 라는 마음의 전통적인 매매 방법에 관심을 가져야 한다.

06 실수요자, 어디를 사야 할까

　　　　　　　　　　　　내 집을 마련하기로 결정했다. 실수요자에게 가능한 많은 선택 조건을 충족시켜 줄 곳은 과연 어디일까. 사람마다 원하는 조건이 달라 특정 지역, 특정 아파트를 권할 수는 없지만 최소한 이런 관점에서 대상 지역을 검토해 보면 어떨까 싶다.

경기도 하남시에 거주하고 있는 김석관(43) 씨는 요즘 새로운 고민에 빠졌다. 일단 많은 대기 수요자들이 집을 사려는 심리적인 결정은 했지만 행동에 옮기는 것을 망설이고 있는 지금이 내 집을 마련할 수 있는 적기라고 김씨는 판단했다. ‘큰 장’이 서기 전에 한발 앞서 마음의 결정과 행동에 착수하려는 생각이었다.

문제는 ‘시기’를 선택하고 나니 ‘지역’에 대한 고민이 뒤따른다는 것이었다. 어떤 지역에 어떤 아파트를 선택하면 후회 없는 선택을 할 수 있을지 정리가 되지 않았기 때문이다. 김씨는 본인이 거주하고 있는 인근 중개업소를 찾아가 이와 같은 고민을 털어놓았다.

"시기가 좀 빠르기는 하지만 미리 준비하는 마음으로 행동에 옮기면 좀더 많은 물건을 볼 수 있다는 장점이 있지요. 우선 특정 지역을 선택하기 전에 김 선생님이 개인적으로 고려해야 할 내 집 마련의 기준을 정리해 보시지요." 중개업소 사장님의 조언이었다. 사실 그랬다. 누구나 좋아하는 지역, 브랜드 파워가 있는 아파트라면 이미 시장에서 검증된 사실이 있어 주변 아파트보다 높은 가격으로 사야만 한다는 사실은 다 알고 있다. 그와는 별도로 김씨 자신에게 특별히 필요한 조건은 아직 생각해 보지 않았던 것이다.

집으로 돌아온 김씨는 아내와 오랜만에 시원한 맥주 한잔을 하며 많은 이야기를 나누었다. 물론 주제는 '어디로 갈 것인지'에 대한 것이었다.

의외로 아내는 참으로 많은 의견을 내놓았다. 두 사람은 일반적인 좋은 주택의 기준에서부터 개인적인 선호도까지 들춰 가며 이야기를 나누었다. 그리 길지 않은 시간내 서울 시내를 다 돌아다닌 셈이었다. 물론 이야기로 말이다. 이것저것 이야기하던 김씨는 결론이 나지 않을 것 같아 공통적으로 생각하는 조건, 어쩔 수 없이 고려해야 할 조건, 기왕이면 부가적으로 원하는 조건 등으로 구분하여 노트에 직접 써 보기로 했다. 그리고 서로 합의하여 의견을 좁혀 나갔다.

 절대로 손해 안보고 내 집 마련으로 재테크하는 기술

집값을 움직이는 사회적인 요인들

주택 가격을 결정하는 데에는 많은 요인들이 복합적으로 작용을 한다. 해당 주택의 평면(平面), 향(向), 층(層), 동(棟) 등 개별입지에 따른 효용격차에 따라 같은 단지내에서도 많은 가격 차이를 가져 온다. 물론 기존 주택을 구입하는 경우라면 금전적인 부담으로 원하는 곳을 자유로이 선택할 수는 있다. 청약통장을 이용할 경우에는 되면 좋고, 안 되면 어쩔 수 없는 부분이다.

하지만 효용격차지수를 뒤로 하고 단지 밖으로 나와 보면 그보다 더 많은 범주들에 따라 그 단지 전체의 집값이 영향을 받게 된다는 것을 알 수 있다. 흔히 말하는 '주택 프리미엄'이 그것들 중 가장 대표적인 것이다. 한강 조망권 아파트, 역세권 아파트, 앞산 조망권 아파트, 공원 조망권 아파트, 재건축 아파트 등.

표준화되어 있지는 않지만 개별 입지, 주택 프리미엄까지 동등한 위치라면 그 다음 변수는 바로 사회적인 선택 기준이다. 예를 들면 지역 대표 아파트, 우수 학군 아파트 등이다.

(1) 우수 학군 지역을 선택하면 좋다

집값의 상승세가 꺾여 고점을 찍고 하락세로 반전되었다고 하자. 전반적으로 평온한 주택시장이 유지될 경우에도 특정 시점을 기준으로 일시적인 가격 반등이 있을 수 있다. 바로 겨울방학 이사철에 접어들면서 전세시장부터 우수 학군 지역을 중심으로 가격 반등의 조짐이 형성된다. 강남, 목동, 분당 등이 바로 그런 지역들이다. 이런 지역의 아파트는 다른 지역 아파트가 오를 때는 더 오

르고, 내릴 때는 덜 내리는 이른바 '내재가치'를 지닌 아파트라고
볼 수 있다.

(2) 지역 대표 아파트를 선택하면 돈 된다

서울 지역은 물론이거니와 지방에서도 그 지역의 대표 아파트가
있다. 이른바 지방의 부촌(富村) 아파트다. 최근 지방의 부촌 아파
트 분양권이 상대적으로 강세를 보이고 있다고 한다. 대구 수성구,
대전 유성구 노은동, 부산 수영구 등이 그런 곳들이다.

각 지방의 고급 주거단지의 주택 가격이 상대적으로 높은 가격
을 유지하는 이유는 간단하다. 주요 수요자들이 경제적 여력을 가
지고 있어 일반적인 경기 영향을 덜 타기 때문이다. 때문에 좋은
학군, 평형 확장을 목적으로 이사철을 중심으로 많은 이동이 있는
편이다.

(3) 타운으로 조성된 아파트가 좋다

언뜻 지역 대표 아파트와 비슷하게 보이지만 지역 대표는 아니
더라도 한 지역에 특정 브랜드 아파트 타운이 형성되면 주변 아파
트보다 상대적으로 높은 시세를 형성한다.

이런 아파트가 인기를 끄는 이유는 대규모 단지 조성을 통해 점
차 지역 대표 브랜드 아파트로 변모할 가능성이 높기 때문이다. 또
한 상징성으로 인한 부가가치도 가격에 영향을 미치는 것으로 판
단된다. 마포구 공덕동 일대 삼성아파트 타운, 구로구 신도림동 대
림아파트 타운 등이 그런 경우이다.

  절대로 손해 안보고 내 집 마련으로 재테크하는 기술

실수요자, 어떤 아파트를 주목해야 할까?

올 입주 아파트에 관심을 갖자. 입주를 6개월 정도 남기고 있는 비투기 지역의 아파트 분양권에 주목할 필요가 있다. 대체로 집값이 안정세를 보이는 조정 장세가 이어지고 있다. 이럴 때 남보다 먼저 행동으로 옮기는 것이 필요하다. 다만, 입주 6개월 전이면 이미 시세 반영이 대부분 끝난 경우가 많아 구입 가격으로 인해 부담을 가질 수 있다.

이런 경우라면 시기를 좀더 길게 잡는 것도 한 방법이다. 입주가 1년 이상 남은 아파트 분양권을 미리 구입하여, 향후 입주할 때 가격조정시 시세차익을 기대할 수 있기 때문이다. 동시에 적어도 물가상승률 이상의 기회비용을 절감할 수 있기 때문이다.

투자환경을 알면 내 집이 보인다

"재테크란 '나무'도 보지만, '숲'도 보아야 하는 것이다!!!"

부동산 환경이 변하고 있다. 새로운 정책이 생기고, 경기부양책이 나오는가 싶더니 갑자기 부동산 안정대책이 나오는 식이다. 내 집을 마련하기 위해서는 적어도 8년 이상을 허리띠를 졸라가며 '그날'을 위해 참고 살아야 한다. 그냥 열심히 살아서는 집 마련이 쉽지 않다. 정해진 목표 금액이 모아져 집을 사려고 움직이면 그 동안 집값은 저만치 올라 버린다. 이유는 환경에 관심을 갖지 않아서이다. 갑자기 '열심히 일한 나'만 바보가 된 느낌이다.

조금 약아질 필요가 있다. 무료 사이트에 들어가서 재테크 상담도 해 보고, 금융 사이트에 들어가서 공부도 해 보자. 부동산시장이 돌아가는 것도 유심히 관찰해 보자. 내가 찍어 둔 '그 아파트'가 얼마나 올랐는지 또는 왜 떨어졌는지 생각해 보자.

바보처럼 살지 않으려면 세상 돌아가는 것을 무심히 보아서는 안 된다. 관찰하고 연구할 필요가 분명 있다. 누가 그랬다. '바보들은 항상 결심만 한다'고. 이제 방관자 입장에서 벗어나자.

자기가 아는 만큼이 본인의 몫이다. 주변 동료들과 '누가 얼마 벌었대'를 이야기하지 말자. 식상하고 염세적인 세계관만 생길 뿐이다. 이제 나 스스로 세상의 무대에 주연이 되자.

01 시중 여유자금의 흐름을 관찰하자

저금리 기조가 유지되는 가운데 시중자금이 투신사의 단기 상품으로만 집중되는 초단기 부동화현상이 심화되고 있다. 아직 갈 곳을 정하지 않은 자금이 대기중이란 뜻이다. 그만큼 시장이 유동적이다. 자금의 흐름을 느껴야 투자대세를 따를 수 있다.

국내에도 금융시장 전반에 걸친 불안감이 고조되고 있다

단기성 금융상품 잔액이 급증하고 있음에도 불구하고 증권시장 침체, 부동산시장 침체 및 금융기관 구조조정 등 향후 경제 전망에 대한 불확실성으로 좀처럼 부동자금은 움직일 줄을 모르고 있다.

나라 전체가 1년간 생산해 낸 부를 모두 합한 국내총생산 (GDP/2001년 기준 540조원)의 70% 가량이 '대기자금'으로 묶여 있는 셈이다.

이를 구체적으로 살펴 보자. 대표적인 단기 부동자금인 머니마켓펀드(MMF)는 단기 금융상품에 집중적으로 투자해 얻은 수익을 고객에게 되돌려 주는 만기 30일 이내의 초단기 금융상품으로 현재 총 수신잔고가 59조원대에 이르고 있다.

수시입출금식 예금, 6개월 이하의 정기예금, 양도성 예금증서 등 금융권의 단기 부동자금은 무려 380조원이라고 한다. 아울러 기업들의 현금 보유액도 연일 사상 최고치를 경신하고 있는 추세로 우량 상장기업 174개사의 현금 보유액은 2001년 말 9조 7천억원에서 2002년 16조 1천억원대로 급증한 추세다. 국가, 기업, 가계 등 모든 경제 주체가 현금을 쥐고 눈치만 살피고 있는 모습이라고 볼 수 있다.

결국 증권시장의 장기간 침체에 따른 주가 폭락, 금융기관 구조조정의 지연, 정부가 개입한 인위적인 저금리 정책 등이 외부 요인과 맞물려 국내 금융시장의 불안과 자금시장의 왜곡을 초래하고 있는 셈이다.

현재의 불안한 국내 경제상황은 더욱 근본적인 금리관련 정책에 있어 강도 높은 정부의 역할 분담이 요구되고 있다. 또 정부는 갈 곳 몰라 하는 부동자금이 더욱 의미있게 사용될 수 있도록 적극적으로 개입하여 실물경제로 적재적소 원활하게 유입될 수 있도록 유도해야 할 것이다.

증시 자금이 부동산으로 가지 않는 이유는

삼성경제연구원은 증시 자금이 부동산으로 옮겨가지 않는 4가지 이유를 제시한 바 있는데 그 내용은 다음과 같다.

(1) 주식시장의 다양화

과거에는 주식시장이 거래소만을 중심으로 운영돼 투자자들은 업종별 포트폴리오만으로 가능했으나 코스닥이 활성화되고 제3시장이나 장외거래가 본격화되면서 시장별 포트폴리오가 가능해져 주식시장안에서의 장기간 자금 운용이 가능해졌다.

(2) 기업들의 부동산 투자 감소와 전자상거래의 활성화

과거 기업들은 경기 활황으로 축적한 이익을 부동산 등 실물자산에 투자하였으나 전자상거래가 활성화되고 경영 투명성이 요구되면서 전자상거래를 통한 물류비 절감 등이 가능해져 재투자를 위한 부동산에 대한 관심이 줄어들었다

(3) 부동산시장 진입에 따른 고비용

주식시장의 경우 사이버트레이딩이 늘면서 수수료가 0%대에 근접해 있으나 대체투자처인 부동산시장의 경우 예외 없이 취득세와 등록세 등 5.8%에 해당하는 비용을 지불하여야 하므로 진입을 꺼리게 된다.

(4) 주식시장과 부동산시장의 동조화

과거에는 주식과 부동산 주기가 1년 반 정도의 시차를 두고 움직였으나 외환 위기 이후 5개월 안팎으로 줄어듦에 따라 자금 이동이 더욱 힘들어졌다.

하지만 삼성경제연구원의 위와 같은 연구 결과는 단지 상호 대체 투자시장인 주식시장과 부동산시장의 대체관계만을 설명할 뿐이라고 보여진다. 전반적인 투자심리 위축에 따른 시중의 부동자금 이동에 대한 예측 가능성은 다분히 보다 안정적이고 수익성이 있는 투자여건 조성, 대체투자 대안의 다원화, 정부의 정책적 투자 지원 분위기 조성 등에 달려 있다고 판단된다.

시중의 여유자금은 어디로 갈 것인가

시중에 막대한 부동자금이 있다고는 하지만 이러한 자금의 출처가 부동산에서 나왔다기보다는 단기성 투자자금 내지는 개인 투자자 중심의 자금 이동이라고 보는 것이 정확하다.

따라서 부동자금의 부동산시장 유입에 대한 현재의 언급 자체가 다소 성급한 느낌이 있다. 그 이유는 현재의 부동산시장이 침체되어 있어 부동자금을 흡수할 수 있는 신규상품 개발이나 신규사업 여력이 없으며, 부동산상품의 특성상 수요 급증에 따라 단기간내 공급이 불가능한 특성을 가지고 있기 때문이다.

현실적으로 부동산시장은 자체적인 수요 창출의 한계에 부딪쳐 있는 상황이며, 또한 정부의 정책적 규제 역시 부동산시장의 발목을 잡고 있는 것이 사실이다. 하지만 장기적인 금리의 하향 안정세와 주식시장의 침체로 대체투자처를 찾지 못하고 있는 시중자금이 부동산시장으로 점차 유입되고 있는 듯한 모습을 보인다. 그렇다고 해서 전반적인 부동산시장의 기초 체력이 강화되었다고 보기 역시 어렵다.

현재 부동산시장은 자체적인 수요 창출의 한계에 부딪쳐 있는 상황이며, 또한 정부의 정책적 규제의 덫에 걸려 옴짝달싹 못하고 있는 상황이다. 따라서 향후 부동자금은 부동산에 크게 영향을 주지는 못할 것으로 생각한다.

그 이유는 첫째, 부동자금의 성격이 단기자금이기 때문이다.

현재 시중에 있는 부동자금은 대우채권 투신사 환매, 투신사 장기공사채형 수익증권, 은행 신탁자금 등의 만기도래 투자자금들이 은행 수시입출금식 예금이나 투신사 머니마켓펀드(Money Market Funds) 등 단기상품 예금으로 유입되어 조성된 것으로 대체투자할 시장여건이 조성되지 않아 생긴 것들이 대부분이다. 자금 성격상 환금성과 안정성이 떨어지는 부동산시장으로 당장 유입되기는 쉽지 않을 전망이다.

둘째, 정부의 부동산시장 견제 정책이 강화된다.

도시 및 주거환경정비법, 서울시를 비롯한 도시지역의 도시계획 조례의 제정과 시행으로 인한 투자심리 위축 및 부동산시장의 냉각이 예상되어 신규 자금 유입이 원활치 않아 보인다.

불안한 투자환경, 재테크는 이렇게

투자자들이 불안감에 휩싸이고 있다. 전반적인 국내외 투자 상황이 다소 심각한 모습으로 변하고 있기 때문이다. 국내 자금의 해외 이탈 모습까지 보이고 있다. 분배 정책에 중심을 둔 새 정부에 대한 불안감 때문이라고도 한다.

북한 핵 문제, 이라크 전쟁, 관계기관들의 불투명한 국내외 경기 전망 등으로 국내 유동자금이 갈팡질팡하고 있다. 어쩌면 IMF시절 '철밥통'으로 인식되던 은행들이 줄줄이 무너지면서 돈을 믿고 맡길 데가 없다며 어떻게 해야 할지 모르겠다던 그때와 요즘의 분위기는 사뭇 닮았다.

게다가 실질금리가 마이너스 기조를 유지하고 있어 마땅한 투자 대안이 없기 때문에 투자자는 불안하고 괴롭기도 한 상태다. 새 정부의 분배 정책에 따라 세금 부담이 늘어날 것으로 보여 투자를 망설이고 있는 형편이다.

이런 상황에서 거액의 유동자금들이 해외로 관심을 돌리고 있다고 한다. 현재 국내 여건상 도저히 목표 수익률을 맞출 수 없기 때문에 해외에서 정부보증채나 외화표시 채권에 투자하는 대안을 찾고 있다고 한다. 금융기관 및 기업자금 등 기관투자자들도 금리차를 노리고 해외 투자에 상당히 적극적으로 참여하고 있는 것으로 분석되고 있다.

문제는 불안감이다. 현재와 같은 자금의 이동은 단순히 수익률 때문이 아닌 불안감 때문이라고 판단된다. 따라서 정부의 대응이 필요한 시점이다. 정책에 대한 불안감을 해소할 수 있는 방법이 시급하다. 초저금리로 직접 타격을 받는 퇴직자, 연금생활자에 대해 세제 지원을 강구하고 부실기업과 금융기관에 대한 구조조정을 가속화해 경제의 불확실성을 제거해야 할 것이다.

불확실한 투자환경, 부동산 투자는 이렇게

이제는 돈을 많이 벌 수 있는 방법보다는 은행 금리보다 높으면 좋겠다는 주문이 많다. 2002년의 부동산 열풍이 바로 엊그제 같은데 격세지감을 느낀다. 하지만 소박해진 투자에 대한 기대마저도 시장은 쉽게 허락하지 않는다. 그렇다고 뒷짐을 지고 물러나 있기에는 불안하다. 어디엔가 투자를 하기는 해야 할 텐데 도무지 감을 잡을 수가 없는 것이 현실이다.

2003년 초 부동산시장에 대한 많은 전망이 있었다. 하지만 도통 그 내용들이 가슴에 와 닿지 않는 이유는 도대체 무얼까. 그만큼 불안한 투자환경도 문제지만 2002년에 맛보았던 투자이익에 대한 기대를 버리기 힘들기 때문은 아닐까 싶다. 이제 그만 현실을 직시해야 할 순간이다. 분위기가 좋을 때 돈을 버는 것은 그리 어려운 것이 아니다. 그저 묻어서 가도 중간 이상은 가기 때문이다. 하지만 여건이 좋지 않을 때 선수는 좀더 발빠르게 움직인다.

경기개발연구원의 발표에 따르면 수도권 지역 공동주택 수요자 가운데 절반 가까이가 주거 목적이 아닌 투자 목적으로 아파트를 분양받았다고 한다. 실제 입주를 하겠다고 밝힌 사람이 52.4%인데, 반면 나머지가 분양권 전매나, 프리미엄이 형성되는 정도를 보고 결정하겠다는 응답을 했다고 한다.

하지만 2003년은 그 양상이 다를 것으로 보여진다. 실수요자가 아파트 시장을 주도할 것이기 때문이다. 그 동안 입이 딱 벌어지는 청약 경쟁률 때문에 주눅이 들어 있던 실수요자들은 이제 장롱 속에 묵혀져 있던 청약통장을 다시 꺼내 청약을 신중하게 고려할 만하다.

아파트 가격도 정상 가격을 찾을 것으로 보인다. 얼마전 국세청은 2002년 아파트 분양 가격을 과다하게 인상한 건설업체 1백여 곳을 특별 관리하기로 했다고 한다. 즉 전국에서 분양된 대부분의 아파트 가격이 주변 아파트의 시세보다 높게 책정되면서 기존 집값을 올리고 이것이 다시 분양가를 인상하는 악순환을 일으켰다는 점에 주목하고 있기 때문이다.

토지시장은 어떤가. 2002년 서울시 땅값이 16% 올라 지난 90년 이후 12년 만에 최고 상승률을 기록했다고 한다. 특히, 강남구와 송파구는 각각 22% 가량 올라 서울시 지가 급등세를 부추긴 것으

 절대로 손해 안보고 내 집 마련으로 재테크하는 기술

로 조사됐다. 거래량도 급증했다. 서울시 토지는 49만 4,143필지에 3,797만4,000㎡ 가량 거래된 것으로 조사됐다. 이는 지난 2001년보다 필지수에서 28.4% 늘어났고, 면적은 31.3% 가량 증가한 규모다. 특히, 주거 지역에서의 토지거래는 전체 거래량의 89.3%를 차지했다고 한다.

2003년은 토지시장에서 거래 열풍은 생각보다 많지 않을 것으로 보인다. 2002년 오른 토지 가격이 내리지 않은 상태에서 신규 투자수요를 끌어들이기에는 부담스럽기 때문이다. 불확실한 투자환경으로 인해 2002년 수백대 일의 경쟁률을 보였던 수도권 택지 개발지구내 택지의 경우도 프리미엄이 거의 없어지다시피 했다.

다만, 수도권 지역의 투자 수요가 충청권으로 이동할 수는 있어 보인다. 행정수도 이전에 따른 단순한 기대보다는 향후 장기적인 투자관점에서 보수적인 투자 성향을 가진 사람들이 이제는 움직일 수 있는 때가 왔다. 행정수도 이전도 호재지만 고속철도 개통에 따른 반사이익을 기대할 수 있기 때문이다.

03 부동산시장, 마케팅은 있는가

소비자를 대하는 태도가 하루가 다르게 변하고 있다. 이젠 고객을 모르고서는 회사도 없다는 정도이다. 하지만 유독 부동산시장에서는 이런 변화의 바람이 별로 없다. 부동산시장의 헤게모니는 다름아닌 고객의 창출과 관리에 있을 것이다.

부동산, 고객을 모르면 분양도 없다

세계적인 마케팅 분야 석학인 필립 코틀러 노스웨스턴대 켈로그 경영대학원 석좌교수는 "마케팅의 핵심은 브랜드 형성에 있다"며 "마케팅은 경쟁사보다 뛰어난 방식으로 고객을 만족시키는 예술행위"라고 한 특별강연에서 강조했다고 한다.

지금까지의 경험으로 볼 때 부동산업계에서 이러한 원칙에 접근

 절대로 손해 안보고 내 집 마련으로 재테크하는 기술

할 수 있는 마인드를 가지고 고객관리를 하고 있는 회사가 과연 있는지 의문이 든다. 현실적으로 대부분의 부동산 시행사의 경우 구체적으로 고객 본위의 마케팅 기획 아래 탄탄한 분양 전략을 구사하고 있다기보다는 특정 지역의 특정 아파트를 대상으로 '팔고 나면 그만이라는 식'의 근시안적인 접근을 하고 있는 것이 현실이다.

과거 공급자중심의 분양시장에서는 큰 의미가 없었지만, 점차 소비자중심의 분양시장이 형성되면서 소비자에 대한 지속적인 관리 요구가 커지고 있는 형편이다. 또한 최근 초저금리 기조가 지속되면서 증권과 은행권으로부터 이탈된 소액 투자자들은 부동산시장에서 상당한 영향력을 행사하며 나름대로의 투자 세력으로 자리 잡았다고 보여진다.

결국 부동산시장에서 고객과 투자자는 부동산 개발회사가 존재하고 있는 근본적인 이유가 된다는 사실이 한층 새롭게 부각되고 있는 상황이다. 이러한 고객 관리는 새로운 부동산상품의 개발과 판매에 있어 구매자의 요구가 반영된 상품, 이미 고객을 확보하여 판매의 부담을 덜 수 있는 상품을 만드는 기초자료가 된다.

이러한 사실은 2003년 7월부터 시행되는 '제조물책임법'을 통하여 더욱 구체화되고 있는데 과거처럼 '팔고 나면 그만'이라는 공급자중심의 사고 방식은 그 의미가 퇴색되고 있는 중이다. 제조물책임법의 도입으로 소비자의 피해 구제는 쉬워지고 제조업자에게는 배상 책임과 제품에 대한 안전 배려 의무가 더욱 높아졌다. 그 대상이 되는 제품에는 1차 농산물을 제외한 가공, 제조물이 해당되는 데 부동산상품인 주택 등도 그 대상이 될 수 있지 않을까?

이제 부동산 분양의 시작과 끝은 고객관계관리(CRM)이다

최근 부동산시장에서 '찬밥' 신세를 면치 못하고 있는 주상복합 시설이나 오피스텔의 분양시장을 들여다보자. 각 업체별로 고객의 요구를 반영한 상품 기획이나 마케팅 전략을 가지고 분양시장에 접근했다면, 급격한 경기 하락기에도 경기침체에 영향을 덜 받을 수 있는 고객들을 통하여 판매 부담을 덜어 결과적으로 사업의 안전성도 높이고 분양 상황도 연착륙시킬 수 있는 새로운 방법을 찾을 수도 있었으리라고 본다. 이러한 상황은 부동산경기 침체기에 회사 인지도와 브랜드를 함께 얻을 수 있는 기회이다.

하지만 현실은 그렇지 못하다. 이동식 중개업자(속칭 '떴다방')와 시행사간의 은밀한 내부거래를 통한 작위적인 마케팅은 자생력을 잃은 지 오래고 투자자는 상품분석과 수익분석을 통하여 시장에 접근하기보다는 '준비된 프리미엄'을 챙기곤 유유히 그곳을 떠난다. 따라서 시장에서는 세몰이식 머니 게임에서 돈을 챙기는 거액 투자자와 인위적인 청약 거품에 현혹되어 땅을 치고 후회하는 소액 투자자가 극명하게 대별되는 양상이다.

결국 자생력을 갖춘 시장환경을 스스로 개척하여 경제여건의 변화에 큰 관계 없이 해당 부동산상품이 가지고 있는 품질과 고객의 요구에 부응하는 마케팅 전략을 수립하려는 냉철한 자가진단이 필요한 때이다.

그럼 자생력을 갖춘 시장환경을 만들기 위한 마케팅 전략은 어떻게 세워야 하는가? 코틀러 박사의 주장에 따르면 대상 고객층의 명확한 파악을 통한 경쟁사보다 한발 앞선 고객 우위를 확보하는 데서 출발한다고 한다.

최근 시장환경은 재고 과잉과 경쟁 극화로 대변되고 있으며 이는 가격 인하와 이윤 감소로 이어지고 있다. 이러한 치열한 경쟁 상황 속에서 기업들이 취할 수 있는 가장 바람직한 전략은 브랜드를 강화하고 고객관계관리(CRM)를 구축하는 일이다.

고객관리를 통한 실제 사례를 살펴보자. 서울 강남구 청담동 일대에서 고급빌라를 동호인 모집 방식으로 판매하는 C사의 경우를 보면 고객관계관리의 중요성을 실감할 수 있다. 이 회사는 약 10억 원대 빌라를 분양함에 있어 모델 하우스 없이 사전분양으로 1개월 이내 동호인을 거뜬히 모집하곤 하는데 이는 기분양자 및 방문자에 대한 철저한 고객관리를 통해서 가능한 방법이었다.

C사는 회사 인지도가 약함에도 불구하고 청담동이라는 특정 지역에서 다년간 동종 빌라분양업체에 비하여 좋은 위치에 상대적으로 저렴한 분양가로 고급빌라를 공급할 수 있었다. 따라서 C사는 분양광고비 등을 고객관리에 사용하고, 원가절감을 통해 분양가를 저렴하게 책정하는 등의 '윈윈전략'을 구사했고 분양은 잘 마무리되어 수익도 알차게 챙길 수 있었다.

04 부동산 정보, 뒤집어서 생각해 보자

정보가 없어 문제가 되었던 때가 있었다. 하지만 지금은 정반대다. 넘치는 정보를 어떻게 받아들이고 대처해야 하는지 도무지 감이 잡히지 않는다. 중요한 것은 여러 정보를 어떻게 가공하여 내 것으로 만들 수 있는가이다.

재테크에 관심이 있는 사람에게 가장 중요한 키워드는 바로 '정보'라고 할 수 있다. 정보는 생활 주체와 외부의 객체간의 사정이나 정황에 관한 보고라고 정의할 수 있다. 일상생활을 통하여 개인이 획득할 수 있는 정보의 넓이와 깊이는 제한적이어서 그 한정된 범위를 넘기 위해서는 나름대로 다양한 노력을 기울여야 한다. 재테크에 성공하기 위한 첫걸음은 바로 정확하고 신속한 정보를 통해서 얻어진다.

매일 아침 조간신문을 펼치는 순간 많은 부동산 정보와 마주치게 된다. 신문 전단, 분양광고, 해설 기사 등…… 어쩌다 한번씩 신문을 대하면 특별한 문제의식 없이 있는 그대로 기사를 받아들이게 된다. 그러나 날마다 나름대로 신문별로 비교 분석하면서 세심하게 정독하는 사람은 가끔 이해하기 힘든 기사를 접하곤 한다. 대상은 같지만 취재하는 기자의 시각에 따라 투자를 하라는 것인지 말라는 것인지 아리송한 경우가 있다.

돈이 되는 정보…… 독이 되는 정보를 구별하라

부동산 재테크에 있어 최종적인 선택과 책임은 다름아닌 투자자에게 있다는 사실은 변함이 있을 수 없다. 하지만 투자에 따른 절대적인 정보원은 신문기사라고 할 수 있다. 각 신문은 기본적인 논점은 유지하면서 특정 회사의 입장을 일방적으로 대변하는 것이 아니라 정보를 있는 그대로 비교 분석할 수 있는 객관적인 판단 기준을 제공해야만 독자가 신문 정보를 더욱 신뢰할 것으로 판단된다.

이러한 관점에서 얼마 전 부동산 투자자에게 이슈가 되었던, '재료' 한 가지를 정리해 맹목적으로 신문기사에 의존하지 않도록 나름대로의 역발상을 해보기로 한다.

그 동안 말도 많고 탈도 많았던 가락 시영아파트 재건축사업이 현대건설, 현대산업개발, 삼성물산 건설부문을 시공사로 선정하는 조합원 총회를 마쳤다는 신문기사가 있었다. 이런 내용에 대하여 신문기사 헤드라인은 가지각색이다. "가락 시영아파트 재건축 급물살…… 가격도 상승곡선", "가락 시영 재건축 다시 법정 비화"

등 같은 내용이지만 일견 머리기사만 보면 같은 내용에 대한 기사라고 보기엔 무리가 있다.

좀더 내용을 분석해 보면 어떤 신문은 해당 기사의 객관성을 높이기 위해 시공사로 선정된 회사의 관계자 인터뷰를 통해서 조합창립총회가 아무런 문제 없이 잘 마무리되어 이제 일사천리로 재건축사업이 진행될 것으로 전하고 있다.

그러나 다른 기사에서는 가락 시영아파트 재건축관련 추진위원회간 알력으로 얼마 전 진행된 재건축총회에 대하여 성남지원에 '총회 부존재 가처분 신청'을 한 것으로 보도하면서 재건축사업 진행에 나름대로 진통이 있을 것으로 판단할 수 있는 근거를 제시했다. 결과적으로 조합창립총회는 불발되었고, 다시 조합창립총회를 개최하겠다고 신문공고를 한 상태이다.

하지만 해당 아파트의 조합설립인가는 아직도 해결되지 않은 것으로 알고 있다. 언젠가는 조합설립인가가 가능해지겠지만 신문기사로만 판단해 볼 때, 참으로 아리송한 일이다.

정보도 정보 나름이다. 같은 내용의 정보가 취재기자의 관점에 따라 다르게 표현될 수 있음을 인지하고 투자자 스스로 '돈이 되는 정보, 독이 되는 정보'를 취사선택할 수 있는 시스템에 대하여 진지하게 생각해 볼 일이다. 결국 최종 책임은 그 정보를 선택한 투자자에게 있기 때문이다.

재료가 있는 곳에 수익이 있다

재료를 잘 찾는 사람이 투자에도 성공한다. 어떤 지역에 대한 개발 호재가 오픈되기도 전에 어떻게 알았는지 많은 사람들이 '이제 오냐'는 식으로 뒷짐지고 기다리는 경우가 많다. 뒤늦게 한푼이라도 벌려고 오는 소액 투자자들이 일견 폭탄을 지고 불구덩이로 가는 듯해 안타깝다.

지난해 서울시 서초구 서초동 국군정보사사령부가 경기도 성남과 안양 지역으로 이전한다는 기사가 보도되었다. 발빠른 건설사와 부동산 투자자들은 사실 이전부터 예의 주시하고 있던 지역이라 이전된 정보사 부지의 개발방향과 이전 효과에 대한 분석에 분주한 모습이다.

약 4만 8,000여 평의 대단위 부지에서 근린공원과 도로 부지를 제외한 일반 주거 지역 2만 6,700평에 대하여 주거시설로 개발할 수 있다고 한다. 이런 개발계획도 서울시 지구단위 계획 수립, 정보사의 이전 완료 등 향후 절차에 따라 순차적으로 진행될 것으로 보인다.

가뜩이나 '재료'에 목말라하던 부동산 투자자들에게는 단비와도 같은 소식이었다. 이와 같은 소식은 즉각 시장에 반영되어 방배동 일대의 토지 가격은 상한가 없이 오르고 있는 모습이다.

특히, 방배동 일대를 중심으로 가장 전형적인 개발방식으로 통하고 있는 동호인 모집 방식의 빌라사업 관계자들에게는 이보다 더 좋은 호재가 없었다. 더디게 분양되던 동호인 빌라는 빠르게 소진되고 있으며, 신규 공급을 위한 토지 매입 작업은 한층 더 바쁘게 움직이고 있는 형편이다.

서리풀 공원과 맞닿아 있는 방배4동은 전통적으로 방배본동 '동광단지'와 더불어 전통적인 방배동의 고급주택지로 각광을 받고 있으며, 최근에는 사당로와 서초로가 연결된다는 기대감에 방배동 지역은 개발에 대한 기대로 들떠 있다.

하지만 방배1동 지역은 그 동안 방배4동 지역에 비하여 고급주택지로서는 상대적으로 저평가되었으나 정보사 부지 이전에 따른 반사이익을 등에 업고 새롭게 스포트라이트를 받고 있다. 기존 오래된 다세대주택 등이 재건축 붐에 힘입어 대우, LG, 대림아파트 등 대형 고급아파트 단지로 탈바꿈함에 따라 방배4동의 고급주택 수요를 대체할 수 있는 지역으로 떠오르게 되었다.

개발 호재 발표 당시부터 상당기간 동안 방배4동 일대는 약 25개의 중개업소를 중심으로 투자 재료에 목말라하던 투자자들의 발걸음이 분주했다. 우선 당장 입주할 수 있는 주택을 구입할 목적으로 아파트 분양권 또는 고급 동호인 빌라를 찾는 사람들이 주류를 이루었다.

　현재도 나름대로 상당히 가격이 높다고 보여지지만 서리풀 공원과 인접한 자연환경 프리미엄, 7호선 내방역 교통 프리미엄, 전통적인 고급주택지 이미지 등 탄탄한 내재가치에다가 사당로와 서초로가 연결될 경우 부동산 가격이 추가로 반등할 여지는 충분하다고 나름대로 판단하고 찾아오는 사람들이 의외로 많다.

　실제로 2002년 7월에 입주한 대우 유로카운티아파트 로얄층의 경우 입주 당시 프리미엄만 2억원 내지 3억원에 육박하고 있는 실정이지만 수요에 비해 매물은 없는 편이라고 인근 중개업소는 전언한다. 특히 이 아파트는 서리풀 공원과 인접해 있어 사시사철 계절의 변화와 함께 할 수 있는 장점이 돋보이기 때문에 많은 관심을 끌었다.

　사실 개발 호재가 발표되기 전에는 방배동 지역 단독주택 거래금액은 토지 평당 1천만원 내외였으나 발표 후 사실상 집주인이 부르는 게 값이다. 심지어 단독주택의 경우는 토지 평당 2천만원, 개발 대상지에 포함된 연립주택 24평형의 경우 대지지분은 불과 10평 내외임에도 불구하고 건설회사가 살 수밖에 없는 약점을 알고 있는 토지주는 어렵지 않게 3억원을 제시하는 경우도 있다. 오래된 건물의 경우 건물 가격은 대체로 인정하지 않는다고 볼 때 토지 평당 3천만원에 육박하는 실정이다.

　한편 건설회사가 시장에서 받을 수 있는 분양 가격은 분명 한계가 있다. 회사 입장에서는 더 많이 받으면 좋겠지만 고객의 선택은 더욱 현실적이고 냉정하기 때문에 철저한 시장 논리를 수용해야만 한다.

분양가를 형성하는 가장 중요 원가인 토지 가격은 건설회사가 정할 수 있는 것이 아니다. 또한 사업에 필요하여 필수적으로 매입해야 하는 토지의 경우 그 상한선은 없다. 따라서 원가의 급상승으로 인한 개발사업의 메리트는 없어지고 결과적으로 사업을 하면 할수록 손해라는 결론에 도달하게 되어 대체 후보지를 찾게 된다.

내재가치를 가진 개발 재료를 찾아라

'사당로와 서초로 연결'이라는 개발 재료에 민감한 투자자는 벌써 몸을 방배동 지역으로 향하고 있을 것이다. 자연환경, 교통, 생활환경 등 충분한 내재가치를 가진 방배동 지역은 아직도 추가 상승 여력을 가진 토지가 많이 있다. 현재 주택을 중심으로 불고 있는 개발붐은 머지 않아 업무기능, 상업기능을 중심으로 또 한번 고공비행을 할 것으로 어렵지 않게 예상할 수 있다.

다만, 2005년 말경에야 정보사 이전이 완료된다고 한다. 초단타적 투자 마인드를 가진 투자자보다는 '우량주'는 때가 되면 오를 것이라고 믿는 투자자는 방배동 지역에 관심을 가져도 좋다고 생각된다.

전통적으로 동호인 빌라 개발적지로 인정받고 있는 방배4동에 비해 상대적으로 저평가되어 있는 방배1동 지역, 정보사 부지와 길 하나를 놓고 마주하고 있는 법원 앞쪽 '꽃마을' 등, 세심한 관심과 노력을 기울이면 그에 걸맞는 투자이익을 돌려줄 투자 재료가 우리 주변에는 많이 있다.

 절대로 손해 안보고 내 집 마련으로 재테크하는 기술

일견 평범해 보이는 투자 정보는 일반인에게는 하나의 기사에 불과하지만 정보 분석 마인드를 가지고 투자 안테나를 곤두세우고 있는 사람들에게는 황금알을 낳는 거위로 보일 수도 있다는 사실이 새삼스럽지 않다. 개발 시기를 알 수 없는 막연한 개발 계획에 현혹당하는 것보다는 일상 속에서 내재가치와 개발 재료를 가진 '정보'를 찾아볼 일이다.

06 부동산과 금융의 결합, 퓨전 시대의 도래

은행에서 보험상품을 판매하는
방카슈랑스가 도입된다. 이미 부동산과 금융이 결합된 부동산 투자
신탁 상품이 입도선매 상태다. 바야흐로 투자의 영역이 모호해지고
있다. 유의할 것은, 어떤 상품이든 완벽한 것은 없다는 사실이다.

일반적으로 개인이든 투자법인이든 간에 자산운용 포트폴리오
를 구성시 고려하는 기준은 각 투자상품에 대한 안정성, 수익성,
환금성 등을 최적으로 운용하는 것이다.

안정성이 있으나 수익성이나 환금성이 다소 떨어지는 등 투자시
고려할 각 상품별 특성에 투자자들은 민감하게 되는데 부동산상품
의 경우에는 일반 채권이나 금융상품, 주식 등에 비하여 환금성이
유난히 떨어지는 것이 현실이다.

대표적인 부동산상품이 바로 토지, 주택(아파트 등), 상업용 건
물 등인데 이들의 공통적인 특징은 수익은 차선으로 하더라도 매

 절대로 손해 안보고 내 집 마련으로 재테크하는 기술

매에 부담이 될 정도로 몸집이 크고 또한 고가인 관계로 거래가 그리 만만하지는 않다는 점이다. 개인들은 생각지도 못할 투자 대상이라고 해야 할 것이다.

하지만 이제 상황이 달라졌다. 개인 투자자의 경우 투자상품으로서의 부동산은 거래의 경직성, 고가상품, 고수익, 고이익 등으로 접근이 쉽지는 않았던 것이 지금까지의 현실이었다. 그러나 부동산상품에서도 예금이나 주식처럼 간접투자 내지는 소액투자를 할 수 있는 새로운 상품들이 소개되고 있다.

지금까지 부동산상품의 특성상 투자대체상품으로 받아들이기 어려웠던 소액 투자자들의 경우 이제는 투자상품 선택의 폭이 넓어졌다는 점과 부동산에도 간접적으로 큰 부담 없이 투자할 수 있는 시대가 오고 있다는 것에 주목할 만하다.

이자소득생활자, 부동산투자 신탁상품을 주목하자

이자소득으로 생활을 하는 사람들에게 이제 더 이상 은행금리는 기댈 곳이 없는 형편이다. 전세계적으로도 통화를 풀어도 도대체 경기진작 가능성은 점점 난망한 형편이며, 우리나라의 경우도 예외가 아니다. 현재 상황으로 볼 때 저금리 기조는 그리 큰 변화가 없을 것으로 보여진다.

금융소득생활자의 입장에서 보면 예금 금리 4~5%대인 지금, 이자소득세와 물가상승률(상반기 4.7%)을 감안하면 실질금리는 거의 마이너스로서 더욱 적극적으로 새로운 투자상품 발굴에 온갖 신경을 곤두세워야 할 형편이다.

그렇다고 주식에 투자하자니 불안하고, 부동산에 투자하자니 현금 유동성에 부담을 느끼고 있어 마땅한 대안을 찾지 못하고 있는 지금 일부 은행의 금전신탁 파생상품인 "부동산투자신탁"이 나름대로 돋보인다.

간접투자상품 중 돋보이는 부동산투자신탁

국민은행으로부터 시작된 은행의 부동산투자신탁펀드는 그 근본은 신탁업법에 의한 금전신탁상품이지만 부동산과 금융이 어우러진 상품이라고 볼 수 있다.

부동산투자신탁은 아파트 개발사업을 비롯하여 상가, 오피스텔 등 상업용 부동산 개발에도 신탁펀드를 운용하며 현재의 초저금리 기조를 충분히 활용하고 있다. 특히, 국민은행과 하나은행 등은 이미 수도권을 중심으로 분양하는 아파트 개발사업에 부동산 매입자금, 초기 공사비 등을 지원하며 나름대로 안정적인 수익을 창출하고 있는데 대체로 은행의 정기예금 금리를 상회하는 수익률을 보이고 있다.

한편, 삼정회계법인의 분석에 따르면 일반리츠, 구조조정리츠, 부동산투자신탁 가운데 부동산투자신탁이 가장 수익률이 높은 것으로 나타났다고 한다. 물론 임대수익, 초기 투자 비용, 매입 금액 등 각 상품별 투자환경의 변화가 동일하다고 전제한 것이지만 이러한 투자펀드의 특성상 가장 중요한 세금감면 내용을 현재까지 확정된 내용으로 적용해서 나온 결과로서 투자자들에게 상당한 시사성을 보여 준다고 할 수 있다.

이제 부동산투자신탁도 해당 은행 고객을 우선 대상으로 하는 상품이 나오고 있어 선별적인 은행 선택이 필요하다. 또한 해당 은행은 고객에게 투자한 금액의 상당 부분을 대출해 주고 있어 부동산이 가지는 환금성 문제에 유연하게 대처하고 있다.

저금리시대 투자전략의 뉴 패러다임은……

투자자의 입장에서 과거와 같은 단순 '자본이득'을 기대하던 시대는 이미 지난 지 오래인 지금 나름대로 투자에 따른 위험과 불편을 어느 정도 감수하는 투자에서의 발상전환이 필요하다. 리스크에 대한 부담은 정확한 정보와 개인의 투자신념에 근거하여 소신껏 이루어져야 할 것이다.

지금과 같은 저금리시대에 권장할 만한 투자전략은 단순 예금 금리를 기대하는 식의 '1차적 투자형태'보다는 '고차원적인 투자전략'을 강구하는 방법이다. 예를 들면 부동산과 은행상품을 결합한 복합적인 투자 내지는 분산투자를 하는 것이 필수적이다.

바야흐로 온갖 장르를 넘나드는 '퓨전' 세상이다. 이제 은행이면 은행, 증권이면 증권, 부동산이면 부동산 등 한 곳에 자금을 몰아 놓고 나름대로 수익을 기대하는 것은 도대체 가능성이 없어 보인다. 그야말로 합종연횡의 논리, 다시 말하면 장르를 가리지 않고 그 수익의 극대화를 꾀하는 퓨전의 논리가 재테크에도 예외가 될 수 없다.

투자에 있어서도 예외일 수는 없다. 과거와 같은 단순 포트폴리오, 즉 수익성, 안전성, 환금성의 단순 조합에서 벗어나 부동산과 금융이 적절하게 조합된 부동산 간접투자상품에 많은 관심을 가질 필요가 있다.

부동산 간접투자제도가 활성화되면 부동산 보유자나 개발사업자의 경우는 자금 조달의 방법이 용이해져 원활한 사업 추진을 도모할 수 있으며, 투자자 입장에서는 보다 다양한 부동산상품을 큰 부담 없이 접할 수 있는 기회가 주어지는 셈이다.

향후 부동산 증권화 현상은 '부동산＋금융의 트렌드' 라고 할 수 있어 부동산시장과 금융시장의 연계가 활성화되면 부동산의 금융 상품화가 더욱 활성화될 것으로 예상된다. 이는 궁극적으로 부동산에 대한 소액 투자가 가능해짐에 따라 다양한 투자자의 확보를 통하여 부동산 투자의 기반이 확대되고, 증권화에 따른 자금 조달의 원활화 및 부동산시장의 효율화가 이루어져 부동산 금융 발전의 기반을 다질 것으로 보인다

다만, 이러한 부동산상품의 간접투자제도가 궤도에 오르기 위해서는 제반 여건이 성숙되고 정부의 제도적 뒷받침이 있어야 하며, 그래야만 본래 부동산 간접투자의 취지에 따른 긍정적인 효과를 기대할 수 있을 것으로 예상된다.

 절대로 손해 안보고 내 집 마련으로 재테크하는 기술

투자할 때 유의할 점은 무엇인가

부동산투자신탁은 금전신탁의 일종으로 실적배당형 상품임을 명심하자. 상품을 고를 때는 반드시 수익률에만 연연하지 말고 원금에 대한 안전성을 꼼꼼히 따져야 한다. 이는 투자에 따른 리스크를 최대한 적게 하여야 하기 때문이다.

아울러 부동산투자신탁상품은 부동산 개발사업에 투자하기 때문에 시공사의 신용도가 높을수록 안정성이 있어 예상수익률이 낮고, 예상수익률이 높을수록 투자 위험도는 커질 수 있음을 기억하자. 따라서 막연한 고수익에 기대하기보다는 안정성과 적정한 수익률을 희망하는 투자자라면 시공회사, 시행회사, 분양 가능성 등을 부동산 전문가와 별도 상담을 통해 검증하는 노력이 필요하다.

내 집을 마련하는 것이 '재테크 기술'

"내 집을 마련하는 것은 가정의 평화를 얻는 것이다!!!"

세상을 살아간다는 것이 참으로 힘들어지는 때가 종종 있다. '전셋집 설움'을 느낄 때 가장으로서의 체면이 말이 아니다. 나만 고생하면 좋겠는데 나의 무관심이 가족의 편안함에 직격탄을 날린다.

아파트 분양광고를 보자. 내 집을 마련하면 사람이 달라진다고 한다. 여유가 생기고, 가족의 모습이 제대로 보이기도 한다. 사랑이 싹트는 것이다. 편안한 가정으로 일찍 들어가고픈 마음이 절로 든다.

내 집을 마련하기 위해서는 참으로 많은 것들을 알아야 한다. 매매계약 요령, 중개수수료, 분양광고 확인, 분양권 전매, 정부의 정책, 청약통장, 전셋집, 인터넷 중개 등 너무너무 많다.

모르면 배우면 되는 것이고, 조금 알면 더 많이 알고 싶어지는 법이다. 공부가 필요하다. 부동산에 대하여 많이 알면 부동산으로 먹고 살 방법이 생길 수도 있다. 부동산은 여러모로 생활에 꼭 필요한 것 가운데 하나다.

무엇보다 집을 마련하자. '저 푸른 초원 위 그림 같은 집'은 아니더라도 두 다리 쭉 뻗고 살 수 있는 집, 아이가 방에서 조금 뛰어도 마음이 편안한 집, 사랑하는 아내가 넓은 주방에서 맛있는 요리를 할 수 있는 그런 집을 말이다.

01 정부여, 흔들지만 말고 내 집을 다오

　　　　　　　　　　　　주택은 공공재 성격이 강하다. 실수요자에게 우선 주택이 공급되어야 한다. 하지만 현실은 그렇지 않다. 청약통장을 '복권'으로 사용하는 투자자도 있다. 결국 이런 현실을 감안해 좀더 적극적으로 내 집 마련에 나서야 하는 상황이다.

　부동산업계는 정부의 정책이 새로이 나올 때마다 한바탕 몸살을 앓는다. 별도의 예고 없이 불쑥 새로운 정책을 던지듯 내놓기 때문이다. 새로운 부동산 정책이 발표될 때마다 정책에 민감한 당사자들(주택업계, 투자 여력을 가진 사람들 등)은 나름대로의 계산법에 따라 실익을 따져 본다. 하지만 이런 정부의 부동산 정책과는 상관없이 그저 '생업'을 위해 앞만 보고 가는 본질적인 정책의 당사자들(실수요자들)이 너무 많다는 사실이 새삼스럽다.

　정부의 주택시장 안정대책이란 분양시장의 투기적인 가수요를 억제하고 실수요자를 중심으로 시장질서를 재편하겠다는 것이다. 문제는 해당 정책이 명분이나 전시행정적 시도에 그쳐 골자는 거창하지만 그 세부 지침은 지리멸렬하지 않느냐는 점이다. 구체적으로 말하면 본질적인 정책의 대상인 서민들을 위한 실질적인 대책이고, 바로 집행 가능한 것이냐 아니냐라는 사실이 더 중요하다.

주택시장 안정대책의 대상에는 서민은 없다

주택시장 안정대책으로 선착순 분양 제도 개선, 떳다방 단속 강화, 분양권 전매 세무조사, 기준시가 상향 조정, 재건축 시기 조정 강화 등을 내세우고 있다. 대부분 특정 지역의 투자여력을 가진 사람이나 투기거래자를 그 대상으로 하고 있는 내용이다. 그나마 청약제도 개선책으로 내놓은 무주택자 우선 공급 제도의 경우가 실질적인 서민용 대안으로 돋보일 뿐이다.

늘 반복되는 일이지만 정부가 보다 근본적으로 개선의 의지가 있다면 먼저 정책 수립과 동시에 관련법을 개정하여 정책 발표와 동시에 시행하여야 한다. '폼 나는 골자' 부터 발표해 놓고 결과적으로는 용두사미가 된 경우를 벌써 우리는 경험적으로 알고 있다.

관련법 개정 과정에서 생기는 문제, 관련부처간의 협의 미비로 발생하는 문제 등이 뒤따라 나와 폼 나는 정책 시행의 발목을 잡는다. 이때 정부의 정책은 은근슬쩍 그 자취를 감추는 경우를 경험했다. 등장은 화려했지만 그 퇴장은 참으로 우습고 씁쓸하다.

 절대로 손해 안보고 내 집 마련으로 재테크하는 기술

평소에 늘 준비하고 챙겨야 한다

　정부 정책의 본질적인 대상임에도 불구하고 정책 내용의 대상이 되지 못하곤 하는 샐러리맨의 경우에는 정책 중 돈 되는 부분만이라도 독사같이 챙겨서 실속을 차리는 편이 낫다. 한탄보다는 실리가 돈이 되기 때문이다.

　아직 내 집을 마련하지 못한 사람들이 지향해야 할 자세는 무엇일까. 그 기본은 바로 본인에게 주어지는 한시적인 정책의 혜택을 놓치지 말아야 한다는 점이다. 생각해 보자. 열심히 일하고 난 대가로 받는 월급으로 살아가는 샐러리맨들이 현실적으로 생각해 볼 수 있는 내 집 마련 전략은 무엇이 있을까?

　일반적인 내 집 마련의 방법은 다양하다. 청약통장을 활용하든가, 통장이 없치만 그래도 새집을 구하고 싶다면 분양권 전매를 이용할 수 있다. 또한 약간의 목돈과 당장 거주할 수 있는 공간적 여유가 있다면 경매를 통하여 내 집 마련을 생각해 볼 수도 있을 것이다.

　하지만 샐러리맨이 가지고 있는 재무구조상 목돈이 들어가는 구조의 내 집 마련 방법은 실현가능성이 적어 보이는데 샐러리맨은 매달 월급 중 일부를 조금씩 떼어내어 적금을 들어 목돈을 만들기 때문이다.

　주변에서는 이제 '소유'에서 '임대'의 시대라고 목청을 돋우기는 하지만 그 소리가 내 집 마련에 관심이 없거나 지독한(?) 현실을 아직 경험하지 못한 사람들이 하는 일종의 푸념이라고 많은 샐러리맨들은 알고 있다. 생각해 보면 그 동안 몇번의 이사를 거쳐서 이곳까지 왔지만 아직도 수시로 벌어지고 있는 '전세대란 예상'이니 하는 말에 가슴이 '덜컹' 내려앉았던 적이 한두 번이 아니었다.

지나고 보면 샐러리맨에게는 언제나 '언 발에 오줌누기' 식인 정부의 경기부양 정책에 한때 목을 메고 기댄 적도 있으나 이는 적어도 내 집 마련 내지 최소한의 투자를 위한 준비(여유자금 등)를 이미 해 두고 기다리고 있는 사람들을 위한 '정책적 배려'라는 것을 부지불식간에 알아 버렸다.

자, 그 동안 정부의 한시적 경기대책에 무관심했다면 다시 한번 찬찬히 들여다볼 필요가 있다. 혹시 내 집 마련을 할 수 있는 목돈이 없다는 이유로 그저 전세대란에 이리저리 끌려다니면서 만신창이가 되지 않았는지 돌이켜보자. 이제는 정책의 언저리에서 동네북 마냥 이리저리 치이고 있지만은 않겠다는 굳은 마음이 필요한 것이며, 그 적절한 시간이 되었으니 실천만이 남아 있다.

이제부터라도 내 집 마련에 관심 있는 사람은 정부의 정책을 그냥 받아들이지 말고 본인에게 해당되는 '당근' 정책이라면 꼭 그 혜택을 놓치지 말아야 한다. 전문가들의 해설기사 등을 참고하여 정책 적용 시점, 대상, 적용 지역 등 구체적인 내용을 면밀히 검토하고 정리하는 습관을 들이는 것이 바로 내 집 마련 재테크가 아닐까?

 절대로 손해 안보고 내 집 마련으로 재테크하는 기술

02 내 집 마련의 꿈은 멀어지는가

정부는 2003년도 경제운용계획을 통해 주택 55만 가구를 지어 주택보급률 100%를 달성하겠다고 했다. 얼핏 보기에는 우리나라 모든 세대가 자기 집을 가질 수 있다는 말처럼 보이지만 실상은 어떤가? 남는 곳은 미분양이 넘치고 모자라는 곳은 내 집 마련은 고사하고 매년 전세값 폭등 때문에 전전긍긍하고 있는 것이 현실이다.

당신은 집을 가지고 있습니까 하고 묻는다면 예상했던 답이 돌아올 것이 분명하다. "집이 있으면 이런 책을 왜 사서 봅니까"라는. 혹자는 놀리는 것 아니냐고 따져 물을 수도 있겠다. 그런 상황이다.

정부의 정책만을 탓하는 것은 아니지만 현실을 감안한 정책의 변화가 절실하게 필요하다. 사회가 안정되기 위해서는 무엇보다 '예측 가능한' 세상살이가 되어야 한다. 정확하진 않더라도 언제까지는 무엇이 될 터이니 열심히 하자, 아껴 쓰자, 하지 말자가 되어야 한다. 그렇지만 현실은 그렇지가 않다.

내 집 마련을 생각해 보자. 내 집을 마련하는 데까지 얼마의 시간이 걸린다는 계산을 나타내는 통계 숫자의 그 이면을 들여다보면 한숨이 절로 나온다. 어떤 가정이 미리 전제되어 있는지 보면 현실과는 너무 멀다. 어쩌면 그만큼 내 집 마련이 어렵고 힘든 인생의 문제이니 더 열심히 노력하라는 비아냥처럼 보인다.

서울의 경우 우리나라 주택보급률 100% 목표와는 아직 거리가 있다. 이제 80% 중반이다. 정부에서 발표되는 통계 수치를 적고 싶은 마음은 없다. 다만, 아직도 많이 모자란다는 것, 너무 집중된 주택의 편중을 말하고 싶은 것이다. 개인적으로 아파트 재건축추진위원회 임원직을 맡은 적이 있다. 재건축 동의서를 징구(徵求)하다 보니 한 사람이 무려 6채의 아파트를 소유하고 있다는 것을 확인한 적이 있었다. 그것도 강남의 청담동이란 곳에서 말이다.

한편 작년 국세청이 발표한 자금 출처 조사 대상자들의 탈세혐의 내용을 보면 누가 봐도 언뜻 이해가 되지 않는 부분이 너무 많다. 별다른 소득이 없는 데도 모두 26채의 아파트를 보유하고 있는 50대 부인이 있는가 하면 최근 4년간 부부합산 소득을 3300만원으로 신고한 변호사·의사 부부가 아파트와 상가 16채를 보유하고 있는 것으로 나타났다고 한다.

근본적인 문제는 '가진 사람'은 너무 많이 가졌고, '가난한 사람'은 구조적으로 너무 가난하다는 사실이다. 물론 대부분의 '가진' 사람들은 쓸 것 안 쓰고, 먹고 싶은 것 참아가면서 나름대로 성실과 절약의 대가로 현재의 부를 성취한 사람들이다. 이들에게는

 절대로 손해 안보고 내 집 마련으로 재테크하는 기술

그만한 성취의 대가를 누릴 자격이 충분이 있다. 하지만 구린내가 나는 탈세 혐의자들을 보고 있노라면 부자와 탈세와는 뭔가 서민들이 모르는 특별한 상관관계가 있다는 느낌이 절로 든다.

어쩌면 총리서리 지명자가 총리로 지명되지 못하고 낙마하는 경우나 '투기꾼' 소리를 들어가며 청문회에 임하는 것을 보면 '가진 자'에게는 적절하지 못한 부의 축재 과정이 숨겨져 있어 노출이 되지 않을 뿐이라는 생각이 대부분 서민들의 머리 속에는 상존하리라는 생각이 든다.

내 집조차 없는 사람들 마음은 허탈할 뿐이다

시간이 흐를수록 서민들의 내 집 마련은 참으로 난망한 형편이다. 서울에서 내 집을 마련하기 위해서는 모든 '감정'과 '사치'를 포기하고 살아도 오르는 집값을 감당해 내지 못한다는 것을 알 사람은 다 알고 있었으리라고 본다. 한 달을 거리에서 죽도록 일을 해 봤자 돌아오는 것은 '일용할 양식' 뿐이다. 저축을 생각할 수도 없는 형편인 사람들이 부지기수다.

한 인터넷 사이트에서 내 집을 마련한 감동을 구구절절하게 게시판에 적어 놓은 회원의 글을 본 적이 있다. 실로 감동적인 부분이 많다. 그렇게 해야만 내 집을 마련할 수 있다면 내 집을 포기하고 살 사람도 생길 수 있다는 생각을 했다. 유명 사이트에 가보면 가장 많은 동호회가 '내 집 마련'이다.

이제나 저제나 내 집 마련의 꿈을 이루기 위하여 그 동안 아껴

두었던 청약통장이 있는 사람들에게는 그저 '복권'으로 변모되고 있는 현실이 안타깝다. 당첨되면 좋고 안되면 마는 그런 복권 말이다. 현재의 청약시장은 실수요자에게 그리 관대하지 못하다. 청약통장을 이용하여 재테크를 하려고 하는 자 또는 소위 '떳다방'의 가수요가 대부분이며, 더욱이 이들은 내 집 마련에 목을 매는 실수요자들과 '정정당당히' 한판 승부를 벌이고 있는 셈이니 이를 보는 마음이 착잡하기만 하다.

사실 신문 부동산면을 보고 있노라면 서민들의 내 집 마련을 위한 기사보다는 오히려 '여유 있는' 사람들의 부동산 투자에 대한 지침서가 더 많다. 어디에 투자하면 얼마를 벌 수 있다는 식의 기사는 서민들에게는 별 의미가 없다. 내 집 마련도 하지 못해서 발을 동동거리는 형편에 무슨 부동산 투자를 한단 말인가?

과연 내 집은 가져야만 하는 것일까?

선택의 문제이기는 하지만 그래도 꿈을 버려서는 안될 것이다. 이 시대를 살기 위해서는 내 집 마련을 포기해서는 안된다. 다만, 약간의 욕심을 줄이고 편안하게 살 수 있는 집을 계획해 보자. 눈높이를 낮춰서라도, 출퇴근이 힘이 들더라도 내 집을 마련할 수 있는 계획을 지속시켜야 한다.

이제라도 눈을 돌려 주변을 돌아보자. 자금이 좀 부족하더라도 선택해 볼 수 있는 미분양 아파트, 다세대주택이 있다.

내 집 마련의 의미는 단순하지 않다. 그것은 생활의 안정을 주는 생활의 방패막이 같은 것이다. 힘든 일상을 뒤로 하고 돌아가 편안하게 쉴 수 있는 집은 가족이 단란한 한때를 보낼 수 있는 삶의 터전인 셈이다.

어떻게 해야 내 집을 마련할 수 있는가?

생활이 나를 속일 때 노여워 할 줄 아는 사람이 되자. 내 집을 마련하기 위해서는 좀더 생활에 집착할 필요가 있다는 말이다. 그저 '막연하게' 생활하면 내 집 마련은 요원해질 뿐이다.

(1) 내 집을 마련하기 위해서는 노력이 필요하다

적당한 '자극'을 만들어야 한다. '발품'과 '손품'을 열심히 파는 노력이 요구된다. 기회는 노력하는 사람에게 온다는 진리를 기억하며 나만의 부동산 정보 채널을 만들어 보자. 부지런히 부동산시장 돌아가는 것에 관심을 갖자. 모르면 옆 사람에게 물어보든지, 때론 신뢰가 가는 부동산 전문가에게 찾아가든지, 이메일을 보내든지, 상담실을 이용하든지 간에 적극적으로 궁금증을 해결하면서 나만의 부동산 기준을 만들어야 한다.

(2) 준비된 자만이 기회가 오면 잡을 수 있다

서민들에겐 아직도 청약통장이 내 집을 마련할 수 있는 기본이다. 이전투구 양상을 보이는 청약예금, 청약부금보다는 '무주택자'란 제한된 조건이 붙어 있는 청약저축에 관심을 가져야 한다.

경쟁이 심할수록 당첨 기회는 적다. 눈높이를 조금 낮춰 통근 가능한 수도권내 주택공사 공급 물량을 찾아보자. 아직 분양이 덜 된 곳도 있거니와 그나마 당첨 가능성이 높기 때문이다.

(3) 중개업소를 들락거리자

누차 강조하지만 오직 나만을 위한 전문가는 이 세상에 없다. 하지만 널려 있는 정보, 가공이 필요한 정보, 검증되지 않은 자료를 걸러 줄 전문가가 필요하다. '힘'이 있다면 내가 필요한 사람을 통해 확인할 수 있겠지만 '힘' 없는 샐러리맨은 그런 최소한의 '확인해 줄 수 있는' 전문가를 만들어야 한다.

동네 중개업소라도 자주 가보자. 전반적인 부동산 동향, 거주하고 있는 지역의 부동산 시세 변화, 정부 정책의 영향 등에 관하여 중개업자와 자주 이야기해 보자.

03 집을 구할 수 있는 방법은 많다

내 집을 마련하는 방법은 다양하다. 준비된 돈의 규모, 준비 기간, 준비 사항 등에 따라 내 집 마련 방법을 선택할 수 있다. 물론, 최소의 비용으로 한계효용을 극대화할 수 있는 주택을 구입한다는 기본 목표야 당연하겠지만 그 방법에 대한 내용을 알고 있어야 가능하다.

모두에게 좋은 것이 나에게도 좋으란 법은 없다. 각자가 가지고 있는 다양함을 한꺼번에 만족시키는 것이 어렵기 때문이다. 내 집을 마련하는 방법이 다양해지고 있다.

사실 원가연동제가 폐지되기 전까지는 신규 아파트를 청약해 당첨되면 바로 시세차익을 기대할 수 있어 청약통장은 '황금알을 낳는 거위'였다.

신규 분양되는 아파트의 경우 사람들의 관심도가 높은 인기 지역의 청약 경쟁률은 매우 높았다. 이런 치열한 경쟁을 마다하지 않았던 이유는 바로 분양만 받으면 바로 돈이 될 수 있었기 때문이었다. 새로 아파트에 당첨이 되면 시세차익이 보장되어 무주택 서민들로서는 내 집 마련도 하고 투자수익도 보장받는 거의 유일한 방법이라고 해도 과언이 아니었다.

기존 아파트를 구입하는 것은 바로 입주할 수 있다는 점, 원하는 지역을 마음대로 선택할 수 있다는 점, 생활의 편리성이 이미 검증을 받았다는 점 등에서 유리한 점은 있지만 문제는 가격이다. 신규 분양 아파트의 경우 가격이 높고 일시에 목돈이 필요하기 때문에 이미 상당한 자금을 가지고 있는 사람에게 유리한 점이 있다.

그렇다면 신규 분양 아파트나 기존 아파트를 구입하는 방법 말고 내 집을 마련할 수 있는 방법은 어떤 것이 있을까. 신규 분양 아파트처럼 청약통장을 가지고 있지 않더라도 초기 자금부담을 줄이면서도 새집을 장만할 수 있는 분양권 전매, 잘만 고른다면 저렴한 가격으로 내 집을 장만할 수 있는 경매 또는 공매 그리고 미분양 아파트 구입 등의 방법이 있다. 내 집 마련을 '골라 먹는' 재미로 할 수는 없겠지만 각자의 자금사정 등에 따라 선택의 폭을 넓힐 수 있다는 것을 알아두자.

(1) 그래도 청약통장을 사용하면 돈이 된다

청약저축, 청약예금, 청약부금 등을 가지고 있으면 신규 분양 아파트를 신청할 수 있는 자격이 생긴다. 초단타 '시세차익'을 노리는 투기성 자금이 가장 활발하게 움직이는 시장이 바로 청약시장이라고 할 수 있다. 그만큼 환금성의 제약을 피할 수 있으면서 자본 이득을 기대할 수 있는 상품이라는 인식이 일반적이기 때문이다.

문제는 이런 신규 분양 아파트에 실수요자외 많은 사람들의 관심
이 집중되면서 정작 내 집을 마련하기 위해 뼈빠지게 일해 온 서민
들은 심리적 허탈감만 더욱 커져가는 것이다. 아파트 청약을 '복권'
취급하며 '되면 좋고 안 되면 다음에 다시 한다'라는 개념을 가진
부류의 사람과 절박한 심정으로 당첨을 기원하는 서민들이 똑같은
조건으로 경쟁을 해야 한다는 것이 우리에게 주어진 현실이다.

하지만 이미 청약통장에 오래 전에 가입하여 자격을 갖춘 실수
요자들에게는 그래도 청약통장을 사용하여 신규 분양 아파트를 분
양받는 것이 초기 자금 부담을 최소한으로 하면서 원하는 아파트
에 들어갈 수 있는 효과적인 방법임에는 변함이 없다. 투기성 자금
과 경쟁을 피할 수 있는 청약저축의 경우 가입조건이 무주택자로
제한되어 있다. 실수요자의 경우 우선 청약저축통장을 적극적으로
활용하는 것이 가장 현실적인 내 집 마련의 방법이라고 권하고 싶
다.

유망 지역으로는 서울의 경우 역세권, 한강 조망 아파트가 유망
하며 수도권에서는 죽전이나 부천 상동, 의왕 내손 등의 지역이 유
망하다.

(2) 자금 사정이 넉넉하다면 분양권 매입을 적극 활용하자

과거 아파트를 선택할 수 있는 방법이 지극히 한정되었던 때가
있었다. 신규 분양, 기존 아파트 매입 등의 방법이 보편적일 때는
새 아파트를 갖는 방법은 청약통장을 활용하는 것이었다. 이제는
달라졌다. 청약통장이 없어도 원하는 지역에, 입지여건이 좋은 아
파트를 선택할 수 있게 되었다. 아파트 분양권을 사는 것이다. 물

론 현재는 투기지구의 경우 분양권 전매가 금지된 상태지만 비투기지역의 입주를 앞둔 분양권을 선택한다면 바로 새 아파트에 입주할 수 있는 것이 장점이다.

그럼 전매가 가능한 분양권을 매입한다면 어떤 분양권을 어떻게 고를 것인가. 우선 분양권을 구입하는 데 가장 유의해야 할 점은 매입 시기다. 분양권의 경우 신규 아파트 청약을 통해 구입하는 것보다는 다소 비용 부담(프리미엄, 금융비용 등)을 해야 한다. 따라서 손바뀜이 적은 시점에서 구입하는 것이 좋겠다.

올해와 같이 부동산시장이 경색되어 있을 경우에도 분양권 매입을 적극적으로 고려할 만한 시기다. 통상 입주 때까지의 시간이 2년 이상이 소요되기 때문에 계절적인 비수기, 전반적인 경기침체 등의 시기엔 급매물 분양권이 많이 나올 수 있다는 것을 염두에 두도록 하자. 남들이 사기를 꺼려할 때 소신있게 적정한 가격으로 내 집을 마련하는 것이 어쩌면 더 실속 있는 선택일지 모르기 때문이다.

분양권을 구입할 때 유의할 사항은 너무 비싼 프리미엄을 주고 사는 것은 피하는 것이 좋다. 이미 시세 반영이 끝나 투자에 따른 가치상승을 기대하는 것이 어려워질 수 있기 때문이다. 중개업소를 통해 분양권 계약을 한 뒤에는 해당 건설업체에 가서 분양권 전매절차를 거쳐야 한다. 이때 구입한 분양권에 처분금지가처분이나 가압류 등이 설정돼 있는지 확인하고 중도금 납부 영수증과 연체 여부를 분명히 살펴야 한다.

(3) 미분양 아파트…… 잘만 고르면 '알짜'를 찾을 수도 있다

2002년 한 해는 아마도 미분양되었던 아파트가 가장 단시간내

 절대로 손해 안보고 내 집 마련으로 재테크하는 기술

가장 많이 팔린 시기가 아닌가 싶다. 장기간 적체되어 왔던 미분양 아파트가 서울 지역에서부터 지방까지 서울 '큰손'들의 투자 대상으로 변했기 때문이다.

그런 이유로 미분양 아파트가 많이 소진되었기는 하지만 아직도 구입할 수 있는 물량이 있다. 미분양 아파트를 구입하게 되면 많은 혜택을 누릴 수 있는데 중도금 납부 유예, 분양 가격 할인, 계약금 비율 인하 등을 충분히 활용하는 것도 실속 있게 집을 마련할 수 있는 방법이다.

유의할 사항은 분명 있다. 무엇 때문에 미분양이 되었는지를 정확히 파악하고 구입해야 한다는 점이다. 막연한 불안감으로 미분양 아파트를 볼 필요는 없지만 그렇다고 단지 가격이 조금 저렴하다고 해서 계약했다가는 낭패를 당할 수도 있다. 미분양 아파트를 고를 때는 반드시 현장을 방문한 뒤 교통여건, 주변환경, 공사 진행 상황 등을 파악하는 것이 좋다. 가능하면 역세권이나 택지지구, 1천가구 이상 대규모 단지를 고르는 것이 좋다.

(4) 경매 또는 공매…… 해 볼 만하다

흔히 경매는 속칭 '선수'들만 하는 것으로 생각하는 경향이 있다. 최근 경매에 참가하는 사람들이 많아지기는 했지만 아직 법원 경매 법정에 한 번도 안 가본 사람이 많이 있다. '경매 법정'이라는 용어가 부담스런 사람은 자산관리공사 공매에 관심을 가져도 좋다. 경매의 경우 시민들의 참여가 늘면서 낙찰받는 사람들의 입장을 고려한 법 개정이 이뤄지고 있다. 무차별 항고를 막은 것이 그런 사례일 것이다.

경매도 훌륭한 내 집 마련의 방법이 될 수 있다. 가장 큰 장점은 경쟁력을 갖춘 상품을 선택한다면 시세보다 20% 이상 저렴하게 낙찰받을 수 있기 때문이다. 하지만 각종 권리분석 등 일반인들이 이해하기 힘든 각종 법률문제 등으로 인해 자칫하면 손해를 볼 수도 있다. 따라서 경매전문업체의 조언을 받는 것이 좋으며, 경매를 통해 내 집 마련을 하려면 미리 목돈이 준비되어야 한다. 매입 대금을 한꺼번에 내야 하기 때문이다.

[표 3-1] 내 집 마련이 가능한 방법별 장점/단점

구입 방법	장 점	단 점
신규 분양	• 자재, 기능의 고급화 • 초기 자금 부담이 적다	• 청약자격을 갖춰야 살 수 있다 • 입주시까지 기간 필요
분양권 매입	• 입주가 비교적 빠르다 • 지역, 평형, 층 등 선택 가능 • 청약통장이 없어도 된다	• 초기 자금 부담이 크다 • 신규 분양보다 비싸다
미분양 아파트	• 신규보다 싸게 살 수 있다 • 파격 조건이 있을 수 있다	• 1층 등 불리한 층이 많다 • 투자 가치가 크지 않다
경매 & 공매	• 시세보다 싸게 구입 가능 • 기반시설이 잘 갖춰 있다	• 자금 부담이 크다 • 선택의 폭이 크지 않다 • 법적인 문제 발생 가능성
재건축아파트	• 청약통장이 필요 없다 • 동호수 우선 선택권이 있다	• 자금이 많이 든다 • 입주시까지 시간이 길다
급매물	• 선택이 다양하다 • 시세보다 싸게 구입 가능하다	• 자금 부담이 크다 • 낡은 집이 대부분이다

 절대로 손해 안보고 내 집 마련으로 재테크하는 기술

04 앞으로의 집값, 미리 알 수는 없을까

미래를 예측하고 판단하는 것만큼 어려운 것이 있으랴. 오죽하면 매년 초 '점집'이 문전성시를 이룰까. 내 집 마련에 있어서는 더욱 그렇다. 앞으로의 집값을 미리 알 수만 있다면 떼돈을 벌 수 있을 텐데…….

말고 많고 탈도 많은 부동산 경기전망

연말이면 신문지상에 빠지지 않고 등장하는 것이 올해 부동산 결산, 내년 부동산 경기전망이다. 대체로 부동산 분야별 전문가의 견해를 낙관론과 비관론으로 대비해 나열하는 수준으로 객관성에 대한 잣대가 없는 독자에게 정보로서의 기능보다 오히려 혼란만을 가중시키는 경우가 있을 수 있다.

내 집 마련의 원대한 계획을 가진 서민에게나, 약간의 여유자금을 부동산에 투자하고자 하는 사람들에게 금과옥조는 못될지언정 정확한 판단을 흐리게 해서는 안 된다. 또한 투자든 아니면 내 집 마련이든 간에 나름대로 독자 스스로도 경제전반에 대한 판단 기준을 세워 보는 노력이 필요하다.

이러한 노력은 수시로 바뀌는 전문가들의 경기전망이나 경제여건 등을 판단하는 중요한 기준점으로 작용한다. 요즘 전문가로서 가장 많은 수난을 받고 있는 사람들이 증권 분야 애널리스트들이라고 한다. 나름대로 객관적인 사실에 근거하여 정성적, 정량적 분석을 통한 시황 리포트와 추천 종목을 내놓기는 하지만 이에 대한 주변 평가는 그지없이 냉정하며, 다분히 결과론적인 평가뿐이다.

여러 모로 내 집 마련이나 여유자금 부동산 투자에도 개인적인 잣대가 분명히 필요한 시대가 도래했다. 부동산시장에서 과거와 같이 단순한 시세차익을 기대하던 시대는 이미 가 버린 지 오래고, 증권투자에서와 마찬가지로 다양한 경기변동 변수와 철저한 수익 분석, 투자전략 분석 등과 지난 결과를 근거로 한 부동산 선택만이 유일한 수익의 조건이 되고 있다.

부동산 거래량에서 집값을 예측해 본다

일반적으로 주식투자자의 경우 주식거래에 있어 매도물량, 매수 물량 등 각 시점에 따른 주식의 거래량을 체크하는 것은 기본적 상식이다. 다시 말하면 거래량이 많을 경우 전반적인 가격 상승을 예측할 수 있으며, 거래량이 적을 경우에는 가격은 대체로 하락하는 것으로 예상할 수 있어 주식시장에 있어 거래량은 주식의 가격 상승과 하락의 변곡점과 같은 것이다.

그렇다면 부동산에서는 어떠한가. 부동산에서도 집값을 예측하는 데 있어 주택 가격 상승과 하락의 선행지수로서의 주택 거래량 역할에 대하여는 그리 큰 이견이 있을 수 없다. 거래량 이외에도 부동산 경기의 일반적인 지표로서 이용할 만한 데이터는 건축 허가 건수 또는 실제 착공 건수 등을 들 수 있다. 이러한 지표는 대체로 현재의 부동산 경기가 장차 어떻게 진행될 것인가를 보여준다.

그렇다면 이러한 주택 매매가 예측 가능한 지표에 대한 정보를 다음과 같은 경로를 통해서 얻을 수 있으며, 이는 투자의 잣대로 활용할 수 있다.

(1) 주택은행에서 매달 발표하는 주택 가격 및 거래량 변화를 비교해 본다.
(2) 각 구청 주택과나 건축과를 통해서 매달의 건축 허가 건수 등을 비교해 본다.
(3) 법원 통계월보를 통해서 부동산 등기 건수를 확인해 본다.
(4) 건설교통부에서 발표하는 각종 지표(청약 가입자수의 증감, 경기부양책, 경기진정책 등)를 통해서 확인해 본다.

경제를 알면 집값이 보인다

민간 경제연구소의 결과를 보면 과거와는 달리 외환위기 이후 집값은 경제성장률에 많은 영향을 받는다고 밝히고 있다. 과거에는 경제성장률과 무관하게 아니면 반대로 작용하는 경우가 있었다. 예를 들어 88년 경제성장률은 12.4%에서 89년 6.7%로 하락했음에도 불구하고 집값은 13.2%에서 14.6%로 상승한 반면에 91년~95년 경제성장률은 5.0~9.1% 수준을 유지했지만 집값은 5년 연속 하락추세를 보였기 때문이다.

실업률도 간접지표로서 활용할 수 있는데 실업률이 높아져 전반적으로 실물경제가 침체하게 되면 가계의 소득에도 영향을 미쳐 전반적으로 집값의 하락세를 재촉하게 된다.

최근 들어 부동산의 경기예측에 있어 일반적인 부동산 포트폴리오(투자성, 안전성, 환금성) 구성에 있어 경쟁적 보완관계에 있는 증시에 대한 관심을 가질 필요가 있다. 연세대 서승환 교수와 삼성경제연구원 박재룡 연구위원 등은 98년 이후 발표한 연구논문을 통하여 "증시가 활기를 띠면 9개월~1년 후 부동산값이 상승세를 나타냈지만 97년 이후 증시와 부동산시장은 시차 없이 비슷한 움직임을 조이고 있다"고 주장하고 있다.

이처럼 경제를 알면 부동산에 대한 이해와 수익 실현에 한발 더 가까워지는 지표가 된다.

05 그래도 청약통장이 보약이다

어느새 청약통장은 그것이 있는 사람이건 없는 사람이건 간에 '복권' 정도로 생각되기 시작했다. '1가구 다 통장'이 가능해지면서 청약통장은 분양만 하면 '당첨되면 대박, 안 되면 그만'이라는 생각을 가진 사람들로 붐비기 시작했다.

이제 다음 달에 전세만기가 되는 김세민(32)씨의 경우 청약시장의 변화에 어두워 청약통장을 제때 쓰지 못한 것이 후회스럽기만 하다. 김씨가 생각하고 있었던 내 집 마련에 대한 방법은 단지 꼬박꼬박 적금을 넣으며 목돈을 적립하는 것에만 급급했고, 하루가 다르게 변하는 청약시장에는 다소 무관심하였던 것이 문제의 발단이었다.

부동산 전문가들의 경기 전망에 따라 김씨도 급속한 주택 가격 상승은 없을 것이라고 판단하였고, 적금을 타게 되는 올 하반기쯤 그 동안 애지중지하던 1순위 청약부금통장을 사용키로 마음을 먹고 있었다.

그러던 어느날 우연히 신문을 뒤적이던 중 전문가들이 말한 것과 달리 경기가 침체된 지금의 상황에서도 청약경쟁률은 수그러들 줄 모르는 것을 확인하고는 다시 마음이 바빠지기 시작했다. 주택공급에 관한 규칙이 개정되면서 청약예금, 청약부금의 가입 자격이 완화돼 가입자가 크게 늘어나 이들이 1순위가 된 2002년 3월 이후에는 청약경쟁이 그만큼 치열해지고 있다는 사실을 뒤늦게 알게 되었기 때문이다.

한편, 2003년 1차 동시분양 청약 결과 1순위 평균 경쟁률이 35:1을 기록하며 2002년도 9차 동시분양 이후 가장 높은 청약률을 기록하였다. 동작구 본동 한신 '휴' 21평형 경쟁률은 무려 334:1의 경쟁률을 보였다는 사실을 대하면서 청약시장의 현실을 제대로 느낄 수 있었다. 마음이 바빠진 김세민씨는 서둘러서 서울시 2차 동시분양에서 직장 인근의 아파트에 청약을 하였으나 떨어지고 말았다.

김씨는 무엇보다도 급변하고 있는 청약시장을 인식하지 못하고 단순히 집을 구입할 자금만 마련하면 된다는 안이한 생각에 빠져 있었던 것을 후회했다. 이제와 곰곰이 생각해 보면 내 집 마련의 적기는 단순히 구입 자금의 문제에만 있지 않다는 것을 새삼스레 알게 되었다. 내 집 마련의 적기라는 것이 '보편타당하지 않다'는 사실을 절실하게 체감한 셈이었다.

  절대로 손해 안보고 내 집 마련으로 재테크하는 기술

아직 청약통장을 사용할 수 있는 기회는 있다

'1가구 다통장', 분양가 자율화 등의 정책적 변화가 있기 전에는 청약통장은 서민들의 내 집 마련 꿈을 지켜 주는 든든한 바람막이 역할을 해 왔다. 열심히 노력하여 목돈을 만들고, 청약자격을 유지해 아파트 당첨만 되면 나름대로 그 동안의 고생을 보상받을 만큼의 경제적인 이익도 생겼던 것이 사실이다.

하지만 청약시장의 상황이 급변했다. 아직 내 집을 마련하지 못한 서민들은 청약시장에서 힘겨운 당첨싸움을 해야만 한다. 절박한 심정으로 청약 신청을 하는 사람들이 있는 반면 단기적 투자 이익을 목적으로 '복권' 긁는 마음으로 청약에 임하는 사람들도 있다. 어쩔 수 없는 상황이다. 그렇다고 손을 놓고만 있을 수도 없다.

그 동안 장롱 속에 깊이 넣어둔 청약통장을 꺼내자. 그리고 내가 진정으로 원하는 것이 무엇인지 생각해 보자. 막연한 당첨기대보다는 어디에, 어떤 상품에 청약해야 당첨 확률이 높을 수 있는지 좀더 현실적인 고민을 해보자. 이제는 청약통장을 이용해 당첨된다고 하더라도 단순한 시세차익을 기대하는 데는 한계가 있다. 이미 분양가에 시세 반영이 된 상태에서 공급되고 있기 때문이다. 따라서 지금까지 청약통장을 사용하지 못한 사람들은 '발상전환'이 필요하다. 꼭 당첨될 수 있는 지역 중 나에게 가장 부담이 적으면서도 나름대로의 투가 가치를 기대할 수 있는 곳을 선택하는 '2등 전략'으로 바꾸어야 한다. 1등 지역만을 선호하다가는 늘상 깨지기 일쑤다.

언급했지만 예전에는 청약통장을 오래 가지고 있으면 나름대로 청약 경쟁에서 유리한 고지를 점할 수 있었지만 이제는 오히려 치열한 청약 경쟁에서 뒤처질 뿐이기 때문에 단순한 시세차익을 노리기보다는 실수요자 입장에서 분양가, 입지여건 등을 감안하여 현실적인 선택을 하여야 한다. 또한 약간의 부족한 자금은 주택구입 대출을 이용하는 등 지금의 저금리기조를 적절하게 이용한다면 내 집 마련은 꿈이 아니고 현실로 나타나게 된다.

06 동시분양을 알아야 내 집이 보인다

과거 동시분양 아파트는 서민들의 '내 집 마련 보루'였다. 지금은 사정이 달라졌다. 강력하고 다양한 투기 자금과 힘겹게 싸워야 하는 지리한 전장터로 변했다. 이런 상황에서 동시분양이 가지는 의미는 무엇일까

현재 서울 지역 동시분양 아파트 청약시장은 시계 제로의 복마전이라고 할 수 있다. 그만큼 예측이 불가한 상황이다. 이런 상황을 견뎌내야만 번듯한 아파트를 그것도 내 돈 주고 얻을 수 있다니 내심 서글픈 마음이 앞선다. 하지만 동시분양 아파트가 가지는 의미는 크다. 그나마 서울에서 얼마 남지 아니한 양호한 입지, 브랜드 파워, 시세차익을 함께 노릴 수 있는 아파트가 공급되는 채널이기 때문이다.

동시분양 아파트 청약시장에 진입하기 위해서는 나름대로의 선택기준을 분명히 정할 필요가 있다. 다른 청약경쟁자와 차별화된

기준이 있다면 그만큼 경쟁률을 낮게 가져갈 수 있기 때문이다. 어떤 것이 있을까?

이제 무조건 대출을 많이 받아 될 수 있으면 큰 평형의 주택을 마련하면 되는 시대가 아니다. 나에게 맞는 주택을 살기 좋은 곳에 마련해야 내 집 마련을 잘했다고 볼 수 있다. 주택 가격이 다소 비싸더라도 공기 좋고, 전망 좋고, 교통이 편리하며, 편익 시설까지 잘 갖추어진 곳이 장기적으로도 유리하다고 볼 수 있다.

아파트를 고를 때는 내부 시설에 치중하지 말고 위치를 우선 선택한 후 그 다음에 좋은 동호수를 고르고 나서 업체의 지명도나 내부 시설을 따지는 것이 순서이다. 그리고 현재는 주택시장이 질적으로 재편되는 시점이므로 주택 가격이 빠르게 상승하는 곳을 찾아서 구입하는 것이 좋다.

본인이 주택을 고르는 안목이나 정보가 부정확하다고 판단하면 근래에 가격상승률이 높은 지역에서 가격이 높은 동호수를 구입하면 실패할 확률이 적다고 할 수 있다. 예전의 주택 가격 상승은 선도지역의 주택 가격이 상승하여 여타 지역은 시차를 두고 동반상승하는 현상을 보였다. 그러나 이제 주택시장이 질적으로 재편되면 선도지역이 상승한다고 다른 지역이 동반상승하는 현상은 점차 사라질 것으로 보인다.

내 집 마련은 서민들 전재산의 70~80%를 차지하는 중대사에 대한 결정이다. 주택을 선택할 때는 분위기에 휩싸이지 말고 내가 마련하려고 하는 주택이 정말로 살기 좋고 편익 시설이 갖춰져 있는 곳에 있는지, 질적으로 하자가 없는지를 꼼꼼이 살펴보아야 재산을 지키고 내 집 마련에 성공할 수 있다.

 절대로 손해 안보고 내 집 마련으로 재테크하는 기술

청약관련 통장을 가지고 있는 사람은 가능한 빠른 시간내에 통장을 사용할 수 있도록 하는 것이 유리하다고 볼 수 있다. 이는 1가구 다통장시대가 도래한 지금 예전 청약통장 가입자들이 더 많은 청약 경쟁자들이 증가하기 전에 누릴 수 있는 마지막 프리미엄 활용이라고 볼 수 있다.

앞으로도 동시분양은 계속될 것이다. 올해 동시분양의 트렌드를 분석하고 향후 아파트를 선택하는 나름대로의 기준을 가지고 관심 있게 지켜볼 일이다. 어쩌면 동시분양을 통한 내 집 마련이야말로 실수요자들에게는 재테크 차원에서 내 집을 마련할 수 있는 얼마 남지 않은 방법들 중의 하나가 아닌가 싶다.

2003년 동시분양 청약시장의 특징

(1) 저금리시대, 소형 아파트에 쏠린 관심이 역시 높았다

경제 논리에 민감한 주택공급업체들은 소형 평형에 비해 원가부담이 적은 대형 평형을 우선적으로 공급하였으며, 이는 결과적으로 소형 평형 수급불균형의 근본적인 원인이 되었다.

대형 평형 위주의 시장 공략이 절대수요 창출의 한계에 다다름에 따라 각 업체들은 실수요자와 저금리 시대 임대수익을 노리는 투자자를 대상으로 하는 소형 평형 공략이 일반화되었으며, 이는 작년에 이어 올해도 동시분양 청약시장의 트렌드로 자리잡혀 가는 상황이다.

소형 평형이 관심을 끌었던 이유는 우선 투자자의 경우 초기 투자금액을 최소화할 수 있고 분양권 전매시 수요자 확보가 쉬워서 부동산투자의 약점인 환금성의 제약을 넘을 수 있기 때문이다. 또한 저금리와 주식시장의 침체로 은행에 목돈을 넣어도 물가상승률을 제하면 실질금리는 거의 기대할 수 없는 상황에다가 주식에 투자를 해도 목표 수익을 달성하기 어려운 상황에서 부동산시장은 나름대로 매력 있는 투자처를 형성하였다고 볼 수 있다.

(2) 아파트 분양가, 지속적으로 오르고 있다

과거 인위적으로 분양가를 제한하던 원가연동제 폐지 이후 동시분양 아파트의 분양가는 대형 평형을 중심으로 전반적으로 가격이 올라 이제는 거래시세와 분양가 차이가 거의 없는 형편이다. 특히 내재가치를 갖추고 있는 데다 탄탄한 투자수요를 등에 업은 강남권 아파트, 한강변 아파트를 중심으로 가격 상승세가 두드러지고 있다.

(3) 새로운 평면 등장 등 소비자 구매욕구를 자극하는 상품이 일반화되었다

올해 동시분양 시장에서는 기존에 볼 수 없었던 다양한 평면이 선보이기 시작했다. 각 회사마다 나름대로의 특장점을 극대화하여 청약자의 욕구를 충족시켜주는 분위기가 일반화되고 있는 형편이다.

(4) 시장에서 통하는 브랜드는 따로 있다

주택산업연구원의 '주택시장 양극화 현상 개선을 위한 중소업체

 절대로 손해 안보고 내 집 마련으로 재테크하는 기술

대응 방안' 이란 연구 보고서에 따르면 1997년부터 2001년까지 공급된 서울시 동시분양 아파트를 대상으로 청약률을 비교한 결과 이 기간 동안 대형업체의 청약률은 평균 5.46대 1인 반면 중소업체는 0.82대 1에 불과, 5배 정도의 차이를 보였다고 밝히고 있다.

대형업체 브랜드 선호, 특정 지역에 대한 선호 등 분양시장의 양극화 현상은 올해도 예외는 아니었다. 작년과 다른 점이 있다면 중소업체의 경우 있는 그대로 청약자의 선택에 수긍하는 모습이었으나 올해는 적극적인 대응을 하고 있다는 점이 다르다. 그냥 기다리는 것이 아니라 적극적인 마케팅을 통해서 브랜드의 약점을 커버하기 위한 마케팅에 심혈을 기울이고 있다는 사실이다.

(5) 목표를 분명히 하여야 한다

실수요자라면 청약시 프리미엄이 보다 많은 지역, 많은 아파트를 선택해야 되겠지만 그만큼 당첨 확률이 낮다. 따라서 당장의 이익보다는 편하게 살 수 있는 아파트를 선택하는 것이 중요하다. 특정 지역의 프리미엄을 고집하는 것은 지금의 청약통장이 주는 프리미엄을 잃게 하는 경우가 있다. 그 프리미엄은 크지 않더라도 현실성 있는 선택이 요구된다.

(6) 내재가치와 생활의 편리성을 추구하자

아파트의 가격을 구성하는 요인 다섯 가지를 각자 생각해 정리해 보자.

그 중 첫번째, 두번째 요인은 누구나 원하는 것이겠지만 그에 따른 경쟁이 따를 수밖에 없다. 결국 가격부담이 생길 수 있다는 것이다. 하지만 1등전략보다는 차별화된 2등전략이 필요하다. 누구나 좋은 집을 선택하기보다는 나에게 필요한 집을 선택할 때 내 집 마련이 좀더 가까워질 수 있다.

07 알아두면 힘이 되는 부동산 거래의 기술

평생 모은 재산을 거래하면서도 그저 남들이 시키는 대로 할 수 있을까. 부동산 거래시 전문가인 중개업자가 업무를 진행하기는 하지만 나도 알아야 한다. 인장을 찍으라고 할 때 그냥 날인만 해서는 안된다. 적어도 왜 그렇게 해야 하는지는 알아야 불의의 피해를 당하지 않는다. 부동산 거래를 하면서 알아야 할 내용을 정리한다.

부동산 거래…… 만만하게 보면 큰 코 다칠 수 있다

안양에 사는 김대립(32) 씨는 얼마 전의 일을 생각만 하면 지금도 가슴이 벌렁벌렁거린다. 김씨는 전반적인 대내외 경기가 좋지 않고, 부동산 경기도 어려운 지금이 나름대로 급매물을 살 수 있는 때라고 생각했다. 동네 부동산 중개업자들에게 매물을 소개해 달라고 부탁해 놓았다. 가지고 있는 현금이 많지 않기 때문에 대출금이 많은 아파트 중 시세보다 10% 이상 싸게 살 수 있는 물건이면 좋겠다는 말과 함께.

어느 중개업소에서 연락이 왔다. 동네에 있는 아파트였기에 이미 시세 파악은 되어 있는 상태였다. 32평형 아파트 가격이 2억 9천만원에 나온 것이 있었다. 그 아파트 단지에서는 가장 좋은 평가를 받고 있는 동, 중간층이었다. 부동산 정보업체 시세를 알아보니 상한가가 3억 3천만원, 하한가가 2억 9천만원이었다. 보수적으로 평균가격을 내보아도 3억 1천만원. 마음에 들었다. 기 대출금액이 2억 2천만원이 있어 당장 7천만원 정도면 계약을 할 수 있겠다 싶어 서둘러 계약을 했다. 집에 돌아와 이리저리 계산을 해 보니 생각할수록 잘 샀다는 생각이 들었다.

어느덧 중도금 날짜가 다가와 늘 하던 대로 중도금 당일 등기부등본을 열람해 보았다, 그 순간 김씨는 하늘이 노래졌다. 아니, 계약할 때 없었던 '경매 기입등기'가 되어 있던 것이었다. 김씨는 한걸음에 중개업소를 찾아가 내용을 물었더니 놀라기는 중개업자도 마찬가지였다.

할 수 없어 부동산 전문가로 활동하고 있는 친구에게 부랴부랴 전화를 했다.

"자, 서두르면 더 일이 어렵게 될 수 있어. 마음을 진정하고 가지고 있는 등기부등본 팩스로 보내 봐. 내가 확인해 볼 테니."

얼마 후 친구의 연락이 왔다. 한마디로 큰 문제는 없을 것 같다는 것이었다.

"우선 매도인에게 이 사실을 확인하고 경매 신청한 채권자 연락처를 수배해 봐. 경매신청 금액이 많지 않은 것으로 보아 직접 채권자하고 해결하면 될 것 같아."

결과적으로 부동산 전문가인 친구의 조언으로 아파트 매도자의 채권자(경매 신청자)에게 중도금 중 일부를 매도인에게 주지 않고 직접 채권자에게 줌과 동시에 경매 해지서류와 교환해 무사히 등기를 마치게 되었다. 참으로 아찔한 순간이었다.

며칠 후 친구의 전화가 왔다.

"거 봐라, 평소에 부동산에 대하여 공부 좀 해 놓으라고 했잖아. 틈틈히 공인중개사 책도 좀 보고 말야. 야, 알아서 남 주냐? 특히, 부동산 공부는 너에게도 필수적이지만 다른 사람에게도 아주 고마운 정보를 줄 수 있단 말야." 친구의 말에 김씨는 지금부터라도 좀 더 부동산에 대하여 알아두어야겠다고 생각했다.

사실 일반인들에게 부동산 거래를 경험할 수 있는 빈도가 그리 높지는 않다. 대개의 경우 중개업자를 통해 거래가 이루어지기 때문에 평소에는 잊고 지내는 것이 다반사이다. 하지만 부동산 거래를 쉽게만 생각해서는 안된다. 나름대로 철저한 사전 준비와 확인이 뒷받침되어야 하기 때문이다. 부동산 거래시 알아두어야 할 내용을 정리해 본다.

부동산을 팔 때 유의할 내용은

(1) 언제 파는 것이 좋을까?

통상적으로 볼 때 부동산을 가장 팔 판다는 것은 원하는 시기에 원하는 값을 받고 거래하는 것이다. 하지만 시장에서의 현실은 그렇지 못한 것이 사실이다. 사고 파는 것은 지극히 상반된 입장의 차이를 좁혀 가는 과정이기 때문이다.

물론 상황에 따라서는 매도인과 매수인 간의 팽팽한 균형이 깨질 때도 있다. 시장에서의 거래상황, 분위기가 이를 결정한다. 예를 들어 수요보다 공급이 많을 때에는 당연히 사는 사람이 주도권을 갖게 된다. 그렇다면 매도인 입장에서는 언제 파는 것이 가장 적절할까. 선택이 필요한 시점이다. 매도인이 나름대로 당장 팔지 않아도 되는 입장이라면 적정가격을 제시하는 사람이 나올 때까지 기다리는 것이 필요하다. 하지만 돈이 급한 상황이라면 당장 돈을 좀더 받으려고 하는 것보다는 계약과 동시에 잔금까지 받는 것이 좀더 현명한 방법일 수 있다.

(2) 어떻게 팔아야 하는가?

결국 어떻게 유통채널을 이용하느냐 하는 것이다. 인근 중개업소 한 곳에 달랑 연락해 놓으면 거래 빈도가 낮을 수밖에 없다. 때문에 여러 중개업소에 물건을 내놓고 수시로 거래 상황, 거래 가격 등을 확인하면서 중개업자를 채근하는 것이 필요하다. 경쟁을 시켜야 하는 것이다. 때에 따라서는 중개수수료를 '당근'으로 제시하는 것도 고려해 볼 만하다. 아울러 중개업소 외에도 인터넷 매물 등록, 생활정보지 등을 적극적으로 활용한다면 거래 가능성은 더욱 높아진다.

만일 매수 의사를 표시하는 사람이 있다면 구매 충동을 유발할 수 있도록 같은 날, 같은 시각에 방문을 유도해 긴장감을 형성하는

 절대로 손해 안보고 내 집 마련으로 재테크하는 기술

것도 한 가지 방법이 될 수 있다.

팔려는 물건이 약점이 있는 부동산이라면 현재 상태대로 거래를 시도하는 것보다는 약간의 비용을 들여서라도 보완을 해서 파는 것이 좋다. 노후한 건물이라면 리모델링을 하는 것도 좋겠다. 사는 사람 입장에서 본다면 물건에 하자가 있다면 어떻게 해서라도 가격을 흥정하게 마련이기 때문이다.

부동산을 살 때 유의할 내용은

(1) 언제 사는 것이 좋을까

현금의 위력이 가장 막강할 때 파는 것이 좋다. 다시 말하면 팔려고 물건을 내놓아도 전반적인 경기 상황이 좋지 않거나 거래 빈도가 낮은 시점을 말한다. 가격 하락기에 물건을 사는 것이 필요하다. 상황적 설명이기는 하지만 가격이 내려갈 때 구매 욕구는 그것에 정비례하지 않는다. 대개 더 떨어질 것을 기대하며 구매를 미루는 것이 일반적이기 때문이다. 하지만 선수는 때를 놓치지 말아야 한다.

가격 저점을 알리는 신호가 오면 정확히 판단한 후 주저 없이 살 수 있는 실행력이 뒷받침되어야만 원하는 물건을 적정한 가격에 구할 수 있다. 누구나 사려고 하는 시점까지 오게 되면 가격 반등의 신호로 보면 된다. 급매물이 지속적으로 소화되는 시점을 잘 파악하는 것이 무엇보다도 중요하다.

(2) 어떻게 사야 하는가?

우선 물건의 하자, 법률적인 하자 등을 따져 보아야 한다. 물건의 하자는 가격을 깎을 수 있는 중요한 근거가 될 수 있기 때문에 주택을 살 경우 주택으로서의 기능이 부족한 부분, 수리가 당장 필요한 부분, 활용하는 데 불편한 부분 등을 조목조목 따져가며 체크하는 것이 필요하다. 체크한 내용을 근거로 가격 흥정에 적극 활용하자.

물건의 법률적 하자를 주목해야 한다. 시세차익이 보장되는 가격으로 물건을 샀다고 해도 소유권 문제, 제한물권 문제, 공법상 제한 문제, 은행과의 문제 등을 면밀하게 확인해야 한다. 싸게 사는 것만이 중요한 것이 아니다. 오히려 산 물건을 문제 없이 내 것으로 만들 수 있는 법적인 절차를 마치는 것이 더욱 중요할 수 있다. 저렴하게 구입했다고 해도 소유권을 확보하는 데 문제가 발생하여 소송 등으로 소유권 이전 시점이 길어지면 생각치 못한 자금 운용상의 문제가 발생할 수 있기 때문이다. 따라서 해당 부동산의 등기부등본을 발급받아 법률적 이상 유무를 확인하는 것이 필요하다. 각종 담보설정이나 예고등기, 가등기가 설정된 경우는 의심해 보아야 한다. 단시일 내에 소유자가 여러 명씩 바뀐 경우는 법률전문가로부터 자문을 구해야 한다.

공법상의 이용 제한을 검토하는 것도 중요하다. 해당 부동산을 개발 목적으로 구입했을 경우 미리 확인하지 못한 공법상의 문제로 개발을 할 수 없거나, 개발을 하기 위해서 많은 절차, 시간, 비용이 지불되어야 한다면 곤란하기 때문이다. 따라서 지적도, 토지대장, 토지이용계획확인원 등 최근의 모든 서류를 지참한 후 현장

답사를 거쳐야 한다. 아파트 등 공동주택인 경우 건물등기부에 기재된 대지부분을 파악한다. 또 매도자가 진정한 소유자인지 여부도 확인해야 하고, 혹 대리인과 계약시에는 위임장을 반드시 첨부한 후 계약을 해야 한다.

또 담보가 설정된 주택을 구입할 경우에는 실제 대출금액, 상환금액, 대출 기간, 승계 여부 등에 대하여 매도자와 함께 설정 금융기관을 방문해 부동산에 설정된 저당권의 범위를 서면으로 확인해야 한다.

08 부대비용을 염두에 두어야 내 집이 된다

내 집을 마련할 때 필요한 비용의 항목을 따져본 적이 있는가. 주택 구입시 매매 대금 외에 들어가는 돈도 의외로 적지 않다는 사실을 기억하자. 이사 비용, 인테리어 비용, 취득등록 비용 등. 이런 부대비용을 나름대로 감안치 않을 경우 예상외의 낭패를 당할 수 있다. 부대비용을 최소한으로 할 수 있는 방법을 알아보자.

내 집 마련의 기쁨 뒤에 찾아오는 복병이 있다. 금전적 부담, 처리 방법, 업체 선정 등을 생각하면 머리가 지끈지끈 아파 온다. 물론 돈이 넉넉히 있다면 전문업체에 맡겨 버리면 그만이다. 하지만 서민들에게는 단돈 몇 푼이 아쉽다. 이미 집을 구입하는 데 많은 돈을 지불했기 때문에 자금 여력도 많지 않는 경우가 대부분이다. 이런 경우 부대비용을 줄이면 줄일수록 기쁨은 배가 된다.

내 집 마련 부대비용을 줄이는 데 인터넷이 크게 한몫을 한다.

절대로 손해 안보고 내 집 마련으로 재테크하는 기술

인터넷을 활용하면 가장 저렴한 비용으로 많은 견적 시뮬레이션을 통해 적정한 업체를 어렵지 않게 선택할 수 있다.

이제 인터넷으로 이사 문제를 해결할 수 있다

온라인 이사업체를 적극 활용하자. 우리 생활 속에 깊숙히 들어온 인터넷을 충분히 활용하면 많은 비용을 줄일 수 있다. '발품'이 아니라 '손품'을 팔아야 하는 것이다. 온라인 이사업체 사이트를 가보자. 경쟁력 있는 비용 산출, 이사 관련 정보, 다양한 서비스 등으로 기존 이사업체와는 분명 다른 무언가를 제공한다.

우선 검색엔진에 들어가 '이사'라고 입력해 보자. 많은 업체들이 나타난다. 심지어는 이사업체를 지역별, 이사 종류별로 검색해 주는 사이트도 있다. 가능하면 신용도를 가진 사이트와 연계된 이사업체를 이용하는 것이 좋다.

여러 곳의 사이트를 검색한 뒤 몇 곳을 선택한 후 무료 견적서비스를 이용하여 얼마의 비용이 드는지를 확인해 보자. 인터넷 이사업체 이용시 가장 큰 장점은 이사 비용을 줄일 수 있다는 점이다. 무료 견적서비스 대행업체 사이트를 활용하면 고객의 선택권은 더욱 커지면서 이사 비용은 줄어든다. 최소 2개 이상의 업체에서 견적을 받아 가격과 서비스를 가늠한 후 결정하는 게 비용을 줄일 수 있는 방법이다. 이삿짐의 규모, 면적, 지역에 따라 다르겠지만 오프라인 업체보다 평균 10만원 정도는 절약할 수 있다.

간혹 주택 매매를 거래시킨 중개업소에서 업체를 소개하기도 한다. 하지만 이런 관계 속에서는 또다른 유통비용(중개업소 소개비)이 불필요한 비용으로 녹아 있다는 것을 알아두자. 성의는 고맙지만 정중히 거절하는 것이 비용을 줄이는 방법이다.

인터넷 이사업체를 활용하면 업체로부터 책임있는 이사 서비스를 제공받을 수 있다. 사이버 공간에서는 정보를 쉽게 공유할 수 있기 때문에 고객 만족도가 부실하거나 웃돈을 요구하는 업체는 큰 타격을 입는 사례가 많다. 예를 들면, 뭔가 불미한 일이 발생할 경우 오프라인 업체는 그냥 떠나면 그만이지만 온라인에서는 그것이 허락되지 않기 때문이다.

게시판이 회사에 대한 좋지 않은 평가로 도배가 될 수도 있기 때문에 이사업체는 신중하지 않을 수 없다. 또한 오프라인 이사업체는 대부분의 거래관계가 구두로 형성되기 때문에 이사과정에서 생기는 문제에 대하여 명확한 기준이 없을 수 있다. 또한 오프라인 업체들이 시간 약속을 지키지 않거나 웃돈을 요구하는 사례가 생길 수도 있다.

인터넷 이사는 많은 재밋거리를 제공하기도 한다. 이사 전후 해야 할 일, 이사갈 집 점검사항, 이사 관련 유의사항, 이사 피해 예방하기, 이사 피해 보상규정, 부동산 시세, 날씨, 지도 보기 등과 같은 다양한 컨텐츠를 무료로 제공한다.

인터넷 이사를 할 때 유의할 사항은 업체는 인터넷을 통해서 선택하더라도 반드시 허가업체인지를 확인하는 것이 필요하다는 점이다. 각종 파손이나 분실에 따른 보상을 받을 수 있기 때문이다. 또한 관인계약서로 계약을 체결해야 문제가 없다.

이사업체와 계약이 끝나면 일반적인 짐정리 외에도 전화이전 신고, 공과금 정산, 관리비 납부를 한다. 이사 2~4일 전에는 이사갈 집의 전압 콘센트와 창문 위치 등을 확인하고 가구 등을 이사갈 집의 어디에 배치할지 사전에 계획해 두는 것도 잊지 말아야 한다.

아울러 아파트 이사는 이사갈 아파트 관리사무소에 엘리베이터를 사용할 수 있는지, 이용 시간은 언제부터인지 여부를 사전에 확인해 두어야 한다. 만약 이용이 불가능할 경우 사전에 이사업체에 사다리차 계약을 해야 하기 때문이다.

내 집은 내 힘으로 등기를 한다

셀프등기닷컴(www.selfdeungki.com), 등기닷컴(www.deungki.com), 김순희가 만든 인터넷 등기소(user.chollian.net/~n127) 등은 내 집을 스스로 등기할 수 있도록 도와주는 사이트들이다. 등기가 뭔지, 과연 내가 할 수 있을까, 복잡하다고 하던데라는 마음을 가진 사람들은 먼저 위 사이트에 가 보자. 평범한 주부가 혼자서 등기를 해 낸 성공스토리를 한번 읽어 보자. 뭔가 마음속 깊은 곳에서 '꿈틀'할 것이 분명하다.

과거 등기하면 우선 법무사 사무소를 떠올렸다. 비용으로 따져도 적지 않은 금액을, 더군다나 국민주택 채권을 할인해서 등기를 신청할 경우의 손해 등을 감안하면 기분이 좋지 않다. 법무사 사무소 등에서는 미리 등기를 하기 전에 관련 내용을 설명해 주고 일을 처리하지 않고 '모르는 사람 무시하는 듯한 느낌'을 들게 만드는 경우가 있다. 하지만 그 내용을 알고, 등기를 한번 시도해 본 사람은 분명 어떤 문제가 있는지를 느낀다.

 등기는 잔금 납부일로부터 60일 이내에 하면 된다. 우선 취득세를 납부한 뒤 약간의 여유가 생기면 직접 등기를 시도해 보자. 시도한 사람의 성취감은 해 본 사람만이 알 수 있는 '전리품'과 같은 만족감을 얻게 된다. 돈도 아끼고 성취감도 얻고 일거양득 아닌가.

절대로 손해 안보고 내 집 마련으로 재테크하는 기술

09 내 집 마련, 인터넷을 알면 편하다

인터넷을 활용하면 내 집 마련이 가까워진다. 변하지 않는 부동산 재테크의 기본은 당연히 발품을 파는 '임장활동(臨場活動)'이다. 하지만 시간과 노력을 줄일 수 있는 방법이 있다면 충분히 활용할 필요가 있다. 그 해답은 바로 인터넷이다.

인터넷이 우리 생활 속으로 들어왔다

어느덧 우리의 생활 속에 인터넷이 깊숙히 자리한 지도 적지 않은 시간이 흘렀다. 얼마 전에는 생활 인터넷이 차지하는 가능성에 대한 실전사례 체험이 모 언론사의 주최로 있었고 이것은 인터넷으로 생중계까지 되었다. 그것은 정해진 지정장소에서 인터넷이 가능한 컴퓨터와 약간의 돈만으로 일정 기간 의식주는 물론 다양한 과제를 해결하는 일종의 사이버 생존게임이었는데 시작할 때의 '가능할까' 라는 염려는 말 그대로 기우였다.

이처럼 어느 새 실생활 깊숙히 자리한 인터넷은 개인의 경쟁력, 더 나아가서는 국가의 경쟁력을 좌우하는 절대 기준이 되었다. 예전부터 부동산에 대한 개발 정보나 구체적인 사업계획 등은 투자자는 물론 실수요자 입장에서도 재테크를 통한 부의 축적과 직결될 수 있었다. 과거에는 공개되지 않은 개발 정보 등 폐쇄적인 정보의 획득 경로가 있는가 없는가가 부동산을 통한 막대한 사업이익을 거두어 들이는 절대적인 방법이었으나 이제는 달라졌다.

인터넷이 우리 곁으로 다가온 지금은 제한 없이 개방된 많은 부동산 정보를 얼마나 빨리 획득하고 체계적으로 분석하여 활용할 수 있느냐가 부동산 투자 게임의 승패와 승률을 좌우하는 헤게모니가 아닐 수 없다. 이제는 특정 지역에 대한 개발 정보 같은 일차적인 정보가 아니라 과학적인 분석에 기초한 부가가치 정보가 바로 부동산 수익을 창출하는 핵심 요인이라는 사실이다.

부동산 정보에 대한 인식과 방법이 달라져야 한다. 단순한 방법으로 신문, 잡지 등의 인쇄 매체와 국내 PC통신을 통해 제공되었던 부동산 관련 정보가 이제는 인터넷 통신을 통해 리얼타임으로 제공되고 있다. 인터넷을 통해 신속하게 지구촌 곳곳의 정보를 안방에서 찾아볼 수 있게 되었다. 부동산 정보의 획득도 이제는 발로 뛰는 시대에서 손으로 찾는 시대로 탈바꿈을 하고 있는 중이다.

  절대로 손해 안보고 내 집 마련으로 재테크하는 기술

인터넷으로 부동산 재테크할 수 있다

인터넷으로 내 집 마련에 성공할 수 있다. 인터넷으로 할 수 있는 내 집 마련과 부동산 재테크의 활용에는 제한이 없고 사용자의 능력에 따라서는 정보의 보고라고 할 수 있다.

(1) 인터넷으로 아파트를 청약할 수 있다

서울 지역 동시분양 모델 하우스나 아파트 현장을 다녀오지 않고서도 사이버상에서 모델 하우스를 둘러 볼 수 있다. 또한 국민은행 홈페이지를 통하여 선택한 아파트를 청약할 수도 있다.

(2) 인터넷으로 분양권 전매를 할 수 있다

청약통장이 준비되지 않은 사람이나, 특별히 원하는 지역이 특정된 사람의 경우에는 청약통장을 이용하지 않고서도 분양권 전매 제도를 통하여 신규 아파트를 분양받을 수 있다.

분양권 전매에 대한 정보, 분양권 역경매 정보, 분양권 시세 정보, 분양권 거래동향 등을 모두 인터넷을 통하여 구할 수 있다. 과거에는 모두 현장에 가지 않으면 접하기 어려운 정보들이었다.

(3) 인터넷으로 경매와 공매 정보를 얻을 수 있다

시세보다 저렴한 가격으로 아파트를 구하려는 실속파 수요자들은 경매와 공매를 이용해 내 집을 저렴하고 신속하게 구할 수도 있다.

경매와 공매를 전문으로 하는 사이트를 통하여 물건의 입지 분석, 물건 권리 분석, 절차와 이용방법 등에 대한 정보를 손끝으로 구할 수 있다.

(4) 인터넷으로 손쉽게 전셋집을 구할 수 있다

임대전문 사이트에는 매일 새로운 임대물건 등록이 이루어지고 있으며, 수요자는 원하는 조건, 가격, 위치 등을 복합 검색할 수 있다. 심지어 임대금액이 부족할 경우 룸메이트까지 구하여 부담을 줄일 수도 있다.

(5) 인터넷은 내 집 마련 전문가를 지원한다

일상생활에서 부딪히는 많은 문제들(부동산 세금, 생활법률, 성공 사례와 실패 사례, 갑자기 당하게 되는 문제들)에 대하여 일반인들은 해결할 수 있는 방법이 제한되어 있으나 인터넷을 이용하게 되면 각 분야의 전문가와 만날 수 있다. 각 전문가들은 해당 분야에 대한 다양한 경험을 바탕으로 일반인들의 가려운 것을 시원하게 긁어 주기 때문에 더욱 빛이 나고 있다.

(6) 포탈 부동산 전문 재테크 사이트를 이용하라

이제 인터넷을 통한 부동산 재테크에 있어서 사용자 입장에서는 그 이용과 활용이 다양하고 폭이 점점 넓어지고 있는 형상이다.

인터넷 부동산 정보를 이용하기 위한 몇가지 조언……

첫째, 나름대로 정한 객관적인 기준을 가져야 정보가 된다.

흔히 사람들은 책이나 신문 TV 등 매스미디어에서 전해 듣는 소식을 무의식적으로 신뢰하는 경향이 있는데, 인터넷도 공개적으로 화면을 통해 구현돼 무의식적으로 신뢰도가 커지게 마련이다. 게다가 인터넷에서는 운영자 개인의 주관적 판단과 의견이 여과되지 않고 정보로 둔갑되는 경향이 있다. 책이나 신문은 판매를 목적으로 하므로 정보가 충실한 반면 인터넷 정보는 특별한 비용 없이 정보 등록이 가능해 정보의 질이 떨어지는 경우가 많다.

둘째, 누가 제공하는 정보인지를 따져 보아야 한다.

이는 인터넷 정보의 신뢰도는 운영자에 달려 있으며, 정보의 갱신이 중요한 부동산 정보의 경우에는 정확하지 않은 정보는 오히려 이용자에게 많은 재산상의 손실을 가져올 수도 있다는 사실을 알아야 한다. 그 중에서도 아파트 시세나 부동산 가격 정보는 사소한 차이가 해당 정보를 참조하는 수요자의 투자손익과 직결되기 때문에 그 중요성은 두말 할 필요가 없다.

이미 사회적으로 공신력을 인정받는 매체들은 정확한 보도에 비중을 두지만 이에 비해 가십 기사를 주요 뉴스로 다루는 일부 주간지는 당장 눈앞의 판매부수에 연연, 흥미만 불러일으키는 내용에 목적을 둔다.

인터넷 정보 서비스에서도 이와 같은 현상이 충분히 일어날 수 있다는 점을 감안, 믿을 수 있는 정보를 제공하는 사이트를 선택해야 한다.

셋째, 부동산 정보 서비스업체는 정보 전달자일 뿐이다.

인터넷상에서 제공되는 아파트 시세를 살펴 보면 같은 지역이라도 중개업소에 따라 적게는 5백만원에서부터 많게는 수천만원까지 가격 차이가 날 수 있는데 이는 업소에서 매매된 가격으로 시세를 결정해 정보 제공을 하는 경우가 대부분이기 때문이다.

어떤 업소에서는 매물을 빨리 팔기 위해 상대적으로 낮은 가격을 제공한다든가 반대로 높은 가격을 제공한다든가 해서 소비자들을 유인하는 경우가 종종 있어 주의가 요구된다. 그렇기 때문에 공개되는 시세와 직접 현장에서 사고 팔 수 있는 시세가 차이가 날 수 있으므로 공신력 있는 정보 제공업체의 시세를 복수로 살펴서 그 적정가를 판단해야 한다.

넷째, 부동산의 특성을 이해해야만 한다.

부동산은 물건을 자기 눈으로 확인해야 후회가 없는 법이다. 규격화된 일반 공산품도 아니고 부동산의 특성상 가지고 와서 보여줄 수 있는 것도 아니다.

인터넷 부동산 정보는 하나의 참고로만 활용하는 것이 바람직하며, 보다 폭넓고 다양한 자료를 이용하기 위한 유용한 도구로 생각해야 한다. 내 집 마련이나 부동산 재테크의 변하지 않는 다음 원칙을 잊지 말아야 한다.

"부동산의 답은 언제나 현장에 있다."

 절대로 손해 안보고 내 집 마련으로 재테크하는 기술

중개수수료, 얼마가 적당할까

직접 거래를 하지 않는 한 중개수수료는 부동산 거래의 필수 비용이다. 법에 정해진 금액만을 상호 수수한다면 문제 없겠지만 현실은 그와 다르다. 일상에서 중개수수료와 관련된 다툼이 빈번하고 있다. 얼마나, 어떻게 주어야 좋을까?

얼마전 소비자보호원의 조사에 따르면 매매, 전세를 구하는 수요자 10명 중 8명이 법정 수수료보다 높은 부동산 중개수수료를 내고 있는 것으로 조사되었다고 한다. 또 소비자들이 지불하는 평균 수수료는 매매의 경우 법정 수수료의 193.9%, 임대의 경우는 145.3%인 것으로 나타나 일반 수요자들의 수수료 부담액이 큰 것으로 나타났다. 놀라운 일이다.

이렇게 법정 수수료보다 높은 금액을 지불하는 가장 큰 이유는 부동산에 대한 지식이 부족한 일반 수요자들이 계약에 관련된 모든 사항을 중개업자에게 의존하고 있기 때문이다. 또 하나의 이유는 중개수수료에 대한 사전 지식이 없어서 중개업자가 요구하는 금액대로 지불하기 때문이다.

물론 현재의 중개수수료율이 물가, 임대료 등이 오른 현실을 반영하지 못하고 있어 중개업자들의 반발이 많은 것이 사실이다. 그래서 정부에서도 소액의 추가요금은 묵시적으로 인정하고 있지만 전세, 매매 등 물건을 구하기 어려울 때에는 일부 중개업자들이 터무니없는 중개료를 요구하기도 한다.

특히 분양권 전매가 자율화된 이후에는 중개수수료의 기준이 되는 가격을 둘러싸고 중개업자와 수요자간의 분쟁이 계속되고 있다. 또 전세 물건이 부족할 경우에는 물건이 귀한 만큼의 대가를 중개수수료를 통해 얻으려고 해 과다 중개수수료를 둘러싼 분쟁이 끊임없이 일어나고 있다. 일반 수요자들로서는 손해를 보지 않기 위해서 중개수수료에 대해 정확히 아는 것이 필요하다.

(1) 법정 중개수수료는 얼마인가

중개업자는 매매, 전세시 중개수수료를 중개의뢰인 쌍방으로부터 각각 받는다. 부동산 중개업법에 따른 법정 중개수수료율은 "매매, 교환은 거래가액의 0.2~0.9% 이내"이며 "임대차의 경우는 거래가액의 0.2~0.8% 이내"로 되어 있다. 거래규모에 따른 구체적인 수수료율은 각 시도의 조례에 규정되어 있다.

하지만 강남, 신도시 등 수요자들이 선호하는 지역의 경우는 수수료를 더 많이 받고 있는 등 과다한 수수료가 문제가 되고 있는 것이 현실이다. 과다한 수수료를 피하는 가장 좋고 확실한 방법은

 절대로 손해 안보고 내 집 마련으로 재테크하는 기술

법정 중개수수료 금액을 제시하는 것이다.

　법정 중개수수료 금액을 알고 있다면 중개업자에게 요구하여 법정 금액만 지불하면 된다. 중개업자들도 법정 금액을 알고 있기 때문에 수요자들이 정확한 법정 금액을 제시할 때에는 소폭 추가비용만 제시하는 경우가 많다. 중개업자의 경우 과다한 중개수수료를 받을 경우에는 면허정지까지 당할 수 있기 때문이다.

　하지만 수요자들로서도 법정 금액만 요구하는 것은 무리가 있다. 비록 법정 금액을 초과하지만 어느 정도의 추가 금액은 인정되고 있기 때문이다. 물론 법정 수수료의 1.5배 이상 과다한 수수료를 요구할 경우에는 시, 군, 구청 민원실로 신고하여 부당함을 밝히는 것이 좋지만 20~30%의 추가 금액은 감수하는 것이 좋다.

(2) 중개수수료 분쟁이 발생하는 경우

　위의 경우처럼 양심적인 중개업자가 법정 중개수수료만큼만 요구하고 수요자가 법정 금액의 초과부분을 내는 것에 거부감이 없다면 아무런 문제가 없이 계약이 이루어지게 된다.

　하지만 분쟁이 발생한 경우에는 해당 중개업소가 등록된 시, 군, 구청 민원실에 민원사항을 신고하는 것이 좋다. 이때 납부한 수수료를 증명할 수 있는 영수증을 반드시 확보해야 한다. 과다한 중개수수료에 대한 신고를 해도 영수증이 없어 환불받지 못하는 경우가 대부분이다. 중개업자들이 과다한 중개수수료를 요구하는 경우 영수증을 달라고 하면 금액을 낮추는 것이 일반적이다.

(3) 기타 중개업자와 분쟁이 발생하는 경우

수수료 금액 이외에 지급시기를 둘러싼 분쟁이 발생할 경우가 있다. 일반적으로 중개업소들은 계약시와 거래대금 완납시 수수료를 절반씩 나눠 받는다. 하지만 법적으로는 계약이 이루어지고 난 뒤에 중개업자가 수수료를 청구할 수 있다. 그러므로 계약 이전에 중개업소가 수수료를 요구할 경우에는 낼 필요가 없다. 일반적으로는 계약할 때 반을 내고 완납할 때 나머지 절반을 내는 것이 원칙이지만 잔금을 낼 때 납부해도 상관없다.

부동산 중개업자의 현장확인이나 등기부상의 압류여부 등 물건의 이상유무 확인을 소홀히 하여 수요자들이 손해를 보는 경우도 많다. 중개수수료를 지불한다는 것은 거래 물건의 현장확인이나 물건의 법적 이상여부의 책임 등을 중개업자가 진다는 것을 의미한다. 그러므로 문제가 발생할 경우 중개업자가 모든 책임을 지는 것이 원칙이다.

계약 이후 문제가 발생되어 계약이 파기되는 일이 발생하기도 한다. 이런 경우 거래 무산의 책임이 중개업소에 있으면 중개수수료를 지급할 필요가 없지만 계약자의 잘못이라면 수수료를 물어주어야 한다.

중개수수료와 관련된 분쟁이 발생할 때는 시, 군, 구청 민원실이나 건설교통부 토지관리과를 통해 신고하거나 조언을 받는 것이 좋다. 신고할 때 중요한 것은 물적인 증거자료를 꼭 갖추어야 한다는 사실이다.

11 전셋집 잘 구하면 내 집이 가까워진다

돈 없는 서민들의 가장 큰 설움은 무얼까? '내 집 없는 설움'이 분명 그 중 하나이다. 어쩌면 내 집 마련의 꿈을 안고 꼬박꼬박 저축을 하면서 앞만 보고 달리는 사람들이 우리 주변에 많다. 내 집을 가져 보기도 전에 전세계약을 잘못하여 평생을 한숨 속에 사는 사람도 적지 않다.

매년 본격적인 이사철에 접어들게 되면 부동산도 움직이는 것이 일반적이다. 연초의 분위기로 보아 부동산시장이 좀체 움직일 것 같지 않았지만 전세 가격이 상승 추세를 보이기 시작했다. 복잡하게 꼬인 국내외 경제사정, 잠실재건축 추가부담금 문제, 전반적인 경기 침체 등으로 부동산시장이 냉랭하기는 하지만 실수요자들이 움직이는 전세시장은 확실히 반전된 분위기가 완연하다.

한 부동산 정보업체에 따르면 서울 지역 매매가 상승률은 0.11%를 기록한 반면 전세 가격 상승률은 0.19%가 올라 전세 가격 상승세를 유지하고 있다고 한다. 수치상 이 정도의 변화라면 공급물량보다 수요가 많은 지역, 일시적인 전세수요 급등 지역 등에서 사실상 전셋집을 구하는 것이 그리 녹녹하지는 않다. 게다가 교육환경이 좋아 많은 사람들에게 선호되는 송파구, 광진구, 강남구 등에서는 살 집을 찾는 사람보다 교육 때문에 움직이는 가수요도 가세할 것이 분명하다.

뒤집어 생각하면 편해질 수 있다. 조금의 불편을 감수할 수 있다면 좀더 낮은 가격으로 넓은 평수에서 전세 기간을 느긋하게 보낼 수도 있다. 눈높이를 조금 낮춰 아직 전세 가격 부담이 적은 지역에 관심을 가져 보는 것도 필요하다.

작년 부동산 활황에 힘입어 대량 공급된 원룸, 다세대주택이 아직 주인을 기다리고 있다고 한다. 과거 닭장같이 지어져 개성미라고는 하나 없던 다세대주택이 이제 첨단 시설로 무장하고 있다. 아파트만큼은 아니라도 주차장 문제도 많이 개선되어 '마이카족'을 부담없이 맞이하고 있다. 외관도 독특하다. 건물 하나하나가 개성미를 추구하고 있다.

가격도 여유롭다. 물론 직장에서 가까운 도심에서 전셋집을 구하면 편하겠지만 출퇴근 고생을 각오하고 약간의 시간을 할애할 수 있다면, 기다리는 즐거움은 배가 된다. 역세권 원룸, 다세대주택은 생활을 풍요롭게 해 줄 수 있기 때문이다.

 절대로 손해 안보고 내 집 마련으로 재테크하는 기술

역세권 아파트에서 전세 살면 여유가 생긴다

맞벌이 신혼부부인 임재식(34) 씨는 요즘 여유만만하다. 이제 결혼한 지 3개월째인 임씨는 미리 전셋집을 부인과 함께 선택했을 뿐더러 맞벌이란 장점을 최대한 살려 서로의 직장이 가까운 역세권에 신접살림을 차렸기 때문이다. 각자의 직장이 정반대 쪽에 있다는 약점을 역세권 아파트로 훌륭하게 커버했기 때문이다.

부인은 강남구 학동역 근처 회사지만 임씨는 광명시 인근이기 때문에 사실 처음엔 많은 고민을 했다. 하지만 7호선 전철이 이를 가볍게 해결했다. 남편의 모교인 숭실대입구역(7호선) 도보권에 있는 아파트에 안착했기 때문이다.

이처럼 각자의 시간이 급한 맞벌이 신혼부부의 경우에는 서로의 직장을 감안하여 역세권 아파트에 관심을 가지면 좀더 많은 여유를 가질 수 있다. 다만, 역세권 아파트의 경우 가격이 조금 비쌀 수 있지만 둘이 벌어서 차곡차곡 모으면 해결이 가능할 것이고 집을 살 기회가 왔을 때 살고 있는 전셋집이 쉽게 나갈 수 있기 때문에 오히려 여건이 좋아진다.

입주예정 아파트 단지를 주목하자

입주예정 아파트를 선택할 때에도 '타이밍 조절'이 요구된다. 무턱대고 입주예정 아파트만 찾다가는 생각했던 가격보다 높아 고생할 수도 있기 때문이다. 전세 매물이 몰리는 시기를 잘 찾아 보자.

특히, 실수요보다 투자 목적으로 관심을 끌었던 아파트 단지의 경우 입주 2~3달이 남은 시점이 좋다.

미리 관심 있는 지역을 선정해 전세 기간 만료 시점을 감안하여 사전에 충분한 물건을 보고 가장 적합한 매물을 선정하는 노력이 요구된다. 그냥 어영부영 있다가 부랴부랴 물건을 찾다보면 입주 예정 아파트이기 때문에 전세임에도 불구하고 '깨끗한 새 집' 프리미엄을 지불해야 할 수도 있기 때문이다.

전셋집 구할 때도, 전셋집 계약할 때도 꼼꼼히

성인이 되어서 경험하게 되는 가장 큰 계약은 무엇일까? 십중팔구 전세계약일 것이다. 직장생활 동안 모은 돈, 부모님이 도와주시는 목돈 등을 합해서 전셋집을 얻는다. 사실 피 같은 돈이다. 전셋집을 잘 지켜야 내 집이 가까워 올 수 있다.

샐러리맨이라면 대부분 전셋집에서 살아 본 경험이 있을 것이다. 계약이 만료되어 새 집을 찾는 경우도 있을 수 있고 전세계약을 연장하는 경우도 있다. 전세 가격이 많이 올라 싼 가격에만 신경을 쓰는 경우가 많아 중요한 몇 가지를 놓치는 경우가 흔하다. 집주인과의 전세금 문제라든지 경매 보증금 문제 등 생각지도 못한 문제로 인해 어려움을 겪을 수 있다. 이러한 걱정 없이 전세를 편하게 사는 방법은 어떤 것이 있을까?

사실 집 없는 서민들은 전셋집을 구할 때마다 전재산인 전세금을 안전하게 보전할 수 있는지 새로운 전세입자를 원할 때 구할 수 있는지 걱정스럽다. 하지만 전세계약에 대하여 알아두면 전세 기간을 안심하고 보낼 수 있다. 기본적인 전세계약 요령을 차근차근 알아보자.

가장 중요한 것은 전세금을 지킬 수 있어야 한다는 것이다

문제는 권리분석이다. 계약시 등기부등본(건물/토지)을 통해 집에 얽힌 권리관계를 꼭 확인해야 한다. 근저당, 가압류, 가처분 등이 설정돼 있는 집은 피해야 한다. 소액의 근저당이 설정된 경우 그다지 문제가 되지 않지만 가처분·가압류된 집은 무조건 피하는 것이 좋다. 이유는 전세계약 자체의 효력이 상실될 수 있기 때문이다. 또한 등기부등본상 설정된 선순위 근저당 등의 금액이 주택의 가치에 비해 높게 설정되어 있다면 과감히 다른 주택을 찾아보는 것이 현명한 방법이다.

전세계약 이전에 근저당 등이 설정되지 않았다면 세입자는 '선순위' 자격을 갖게 된다. 집이 경매처분 되어도 계약 기간 동안 살 수 있고 전세금도 낙찰대금에서 가장 우선적으로 배당받을 수 있기 때문이다.

전셋집의 권리상 하자를 확인하기 위하여 전세금을 주기 전에는 반드시 미리 당일날 등기부등본을 발급받아 확인하는 것이 좋다. 등기부등본 확인은 계약 직전, 중도금 치를 때, 잔금 치를 때, 전입신고 직전에 한번씩 챙겨야 한다.

계약을 마친 후 바로 계약서를 들고 동사무소에 가라

입주와 함께 전입신고와 확정일자 날인을 반드시 받아야 한다. 전세계약서를 갖고 동사무소 등에 가면 전입신고와 확정일자 날인을 간단히 처리할 수 있다.

전입신고는 대항력(계약 기간 동안 집을 비우지 않아도 되는 권리)을 갖도록 해 준다. 확정일자 날인은 우선변제권(경매 처분 때 낙찰대금에서 전세금을 돌려받을 수 있는 권리)을 갖도록 하는 장치라고 생각하면 된다.

보증부 월세계약을 할 경우에도 월세 보증금을 지키기 위해서는 전세계약할 때와 마찬가지로 전입신고와 확정일자를 받아두는 것이 필수적이다.

가능하다면 전세권 설정이 가능한 집이 안전하다

집에 전세권을 설정해 두면 가장 안전하다. 집주인이 전세금을 돌려주지 않을 때 보증금 반환 청구소송을 거치지 않고 바로 집을 경매 처분해 보증금을 돌려받을 수 있다. 또한 해당 주택에 거주하지 않아도 권리가 보호되는 것도 장점이다. 그러나 근저당 등이 설정되지 않은 집이라면 굳이 돈을 들이면서 전세권을 설정하지 않아도 된다. 확정일자와 전입신고로 전세권 설정 못지 않은 보호장치가 되기 때문이다.

전세권을 설정하려면 집주인의 동의가 필요하다. 전세금이

8000만~1억원 정도라면 법무사 사무실에서 대략 50만원선의 비용이 소요된다.

계약기간 만료 후 집을 비워도 전세금을 지킬 수 있는 방법

계약기간이 끝난 후 집을 비우고도 전세금을 확보할 수 있는 방법은 바로 '임차권 등기명령제도'를 활용하는 것이다. 과거 전세금 회수를 위해 집을 경매 처분할 때, 해당 집에 거주해야만 낙찰 대금에서 전세금을 변제받을 수 있었다. 하지만 법원에서 임차권 등기를 마치면 다른 곳으로 이사를 해도 살던 집에 대한 전세금을 확보할 수 있다. 임차권 등기를 하려면 확정일자가 날인된 임대차 계약서와 주민등록등본, 거주사실확인서 등을 준비해야 한다.

소액임차보증금은 우선변제를 받을 수 있다는데

전세금이 소액이면 집이 경매될 때 권리관계 및 전입신고 시기에 관계 없이 가장 우선적으로 일정 금액을 세입자에게 돌려주는 제도이다. 하지만 소액보증금 우선변제 혜택을 받으려면 일정한 요건이 필요하다. 지역에 따라 적용되는 소액보증금의 범위가 다르기 때문이다.

통상 인터넷을 통해서도 그 범위를 확인할 수 있지만 인터넷 자료의 문제점을 기억해야 한다. 업데이트가 제대로 되지 않을 수 있

 절대로 손해 안보고 내 집 마련으로 재테크하는 기술

기 때문이다. 따라서 고기 잡는 법을 알아두자. 우선 대법원 홈페이지(www.scourt.go.kr)에 접속하여 검색창에 '주택임대차보호법'을 입력하면 알아둘 만한 관련 정보가 줄줄이 나온다. 인터넷의 파워를 느끼는 순간이다.

보험상품을 활용하면 전세금을 지킬 수 있다

전세계약이 끝나고도 전세금을 돌려받지 못할 때 보험회사가 집주인 대신 전세금을 전액 돌려주는 보험상품이다. 전세권설정과는 달리 집주인의 동의가 필요 없다. 인터넷을 활용해 보자. 서울보증보험(www.sgic.co.kr) 사이트에 가서 보증보험 상품종류 중 '전세금보장 신용보험'을 클릭해 보자.

보험료는 연간 보험가입금액(보통 전세금액)의 0.7%이다. 5000만원에 전세 입주한 사람이 1년짜리 계약을 하면 35만원(5000만원×0.7×1)이다. 서울보증보험(02-745-8000)에서 취급한다.

전세계약서를 잘 보관해야 편하게 살 수 있다

만약 전세 기간이 만료되지 않은 상태에서 전세계약서를 분실하게 되면 어떻게 되는 것일까. 계약서에 날인된 확정일자 효력이 상실될 수 있다는 사실을 기억하자. 따라서 세입자가 소유하고 있는 계약서는 물론, 중개업소가 보관하고 있는 계약서에도 확정일자 날인을 받아 놓으면 안전하다.

한편, 계약 기간 중 집주인이 바뀌면 어떤 특별한 조치가 없어도 되는 것일까. 쉽게 말하면 전세 기간 동안 주인이 바뀌어도 세입자에게는 아무런 변화가 없다. 새로운 주인은 기존 임대인의 동일한 지위를 승계하는 것이기 때문이다.

신분증을 통해 본인 여부를 확인하고, 대리인과의 계약시 위임장을 받아두라

본인 여부를 확인하기 위해 주민등록번호를 확인하고, 집주인(전세할 집의 등기부등본상 소유자) 본인이 피치 못할 사정이 있어 계약체결 장소에 나오지 못할 경우 대리인으로부터 집주인 인감증명서가 첨부된 위임장을 받고 나서 대리인과 계약해야 한다.

전세계약 기간을 기억해야 한다

살고 있던 전셋집을 내놓고 새로운 전셋집을 얻을 때 주택임대차보호법상의 보호를 받으려면 전세계약 만료 1달 전에 집주인에게 전세계약을 연장하지 않겠다는 의사를 반드시 통보해야 한다. 묵시의 갱신을 피하기 위해서이다. 이때 구두로 의사를 표시하는 것보다는 내용증명 등의 서면을 통해서 통보하는 것이 훗날 발생할 수 있는 전세 분쟁을 피할 수 있다.

소소한 비용을 잘 챙겨야 분쟁이 없다

전세계약을 할 경우 계약의 일반사항에 집중하다 보면 사소한 비용에 대한 부담 문제 등을 놓치는 경우가 생길 수 있다. 주택에 하자가 있을 경우 주택 수리비의 부담 문제, 각종 공과금의 부담 문제, 도배 비용 부담 문제, 열쇠의 교체 문제 등에 대하여 계약을 하기 전에 충분히 집주인과 상의한 후 반드시 계약서에 기재하는 것이 필요하다.

13 분양광고에 속으면 집 사고도 후회한다

'도보로 1분'. 도대체 걸어서 1분의 기준은 과연 무엇일까. 공정거래위원회 분양광고 지침에 따르면 80m라고 한다. 이렇듯 분양광고만을 보고서는 제대로 내용 파악을 하기가 어렵다. 지나치게 과대 포장되는 경우가 많기 때문이다.

만약 여러분이 과대 포장된 분양광고 때문에 피해를 입었다고 해서 분양계약 자체를 무효로 할 수 있을까? 최근 대법원 판결에 따르면 선전 광고에 다소 과장이 수반되는 것은 상거래 관행에 비춰 볼 때 그 정도가 심하지 않다면 이를 사기행위로 보기 어려우며, 수익이 얼마나 될지는 투자자의 판단에 따라 결정되는 것이라고 판시하고 있다.

결국 다소 과장이 수반되는 광고라고 할지라도 이러한 내용이 분양계약서상에 기재되지 않을 경우에는 계약 자체를 무효로 할 수 없다는 것으로 분양광고의 판단 책임은 다분히 계약자에 있다

 절대로 손해 안보고 내 집 마련으로 재테크하는 기술

는 결론이다. 따라서 일상에서 분양광고를 접할 때에 소비자 나름대로 일정한 잣대를 가지고 있어야만 한다.

일반적으로 분양광고 등은 해당지역에 대한 정보, 해당 사업에 대한 상세한 내용을 다양한 보조 자료와 함께 소개하는 순기능을 가지고 있지만, 어느 한쪽에 치우치지 않는 공신력을 생명으로 하는 신문기사와는 달리 전단지 등 분양광고에 실리는 정보는 다소 과장되는 경우가 많기 때문에 신중하게 따져 볼 필요가 있다.

일반 소비자가 구매하는 상품 중에서 아파트만큼 비싼 상품은 드물지만 아파트는 소비자가 공급업체가 일방적으로 제공하는 광고와 모델 하우스 등에 의존해 구입 여부를 결정할 수밖에 없는 구조를 가지고 있어 아파트 등 분양광고 진실성 파악은 특히 중요하다.

한편, 공정거래위원회에 따르면 '허위' 공고로 본 피해는 대부분 소송을 통해 보상받을 수 있지만 '과장' 광고로 인한 피해는 구제받기 힘든 경우가 많다. 통상적으로 광고란 '장점을 드러내고 약점은 숨기는 기술'이기 때문에 결과적으로 공고나 광고 내용이 실제와 같은지 여부를 따지고 그 판단에 책임을 지는 것은 온전하게 소비자 자신이라는 점을 명심할 일이다.

허위 과장 광고 사례는 무엇이 있나

(1) 분양가가 과장 표현되는 경우가 많다

'분양가가 시세의 절반', '누구도 예상 못한 최저 분양가', '주

변에서 가장 낮은 가격으로 분양' 등의 표현은 그 자체로 문제가
되는 것은 아니지만 분양가 비교 대상이 분양광고물 어디에도 나
타나 있지 않을 경우 과장된 것으로 판단해야 한다.

또 수익률에 대한 내용도 과장되는 경우가 있다. 특정 지역의 특
정 아파트 수익률을 시중 은행금리 이상으로 보장한다든지, 시세
차익이 얼마라고 하는 것은 사실상 객관적 근거를 제시하기 어려
운 표현이므로 판단에 신중함이 필요하다. 그 선택에 따른 책임은
소비자의 몫인 셈이다.

분양가에 대한 또다른 오해의 여지가 있는 것은 단순 평당 분양
가에 대한 계산이다. 일반적으로 아파트의 전용면적은 약 80%를
상회하고 있지만, 오피스텔의 경우에는 약 50%~60%에 불과하
다. 그러므로 단순 평당 분양가만을 비교하는 것은 일견 가격이 싸
게 느껴지게 하는 착각을 일으킬 수도 있다.

예를 들어 분양면적 42평형 오피스텔의 평당 분양가가 500만원
일 경우 전용율이 60%라고 전제한다면, 25평형의 경우 전용면적
당 평당 분양가는 840만원에 육박하는 것으로 판단해야 하는 것이
상례다.

(2) 무의미한 교통 시간 표현이 많다

교통여건이 아파트 등을 선택하는 주요 판단 기준으로 떠오르자
교통 편리성을 강조하기 위하여 역세권 또는 'ㅇㅇ에서 몇 분 거
리' 등의 표현을 통상적으로 사용하고 있다.

일반적으로 사용하고 있는 지하철 역세권의 경우 서울시 도시기
본계획에 따르면 역세권은 역에서 반경 500미터, 걸어서 5분 이내

에 도달할 수 있는 범위라고 제시하고 있는 반면에, 공정거래위원회는 광고문구상 도보 ○○분의 경우 1분에 80m를 기준으로 따져 보아야 한다고 정하고 있으므로 직접 도보로 확인하는 것도 필요하다고 볼 수 있다.

교통 시간은 교통 수단, 기준 지점, 기준 시점 등을 함께 표시하지 않으면 판단에 혼란을 가져올 수 있다. 예를 들어 '서울서 불과 15분 거리', '○○지역 어느 곳이든지 10분 내 교통 거리'라는 표현은 어디가 기준 지점인지 알 수 없고, 교통 수단이 승용차인지, 전철인지, 버스인지 기준을 정할 수 없으며, 측정 시간대가 출퇴근 시간인지, 한가한 시간인지 구별할 수 없으므로 조심해야 한다.

따라서 출퇴근 시간에 시속 얼마로 서울 어느 지역까지 소요 시간이 실제 얼마인지를 구체적으로 따져 볼 필요가 있다.

(3) 애매모호한 표현은 세세하게 따져 보아야 한다

아파트 공급업체의 일방적인 허위 광고를 믿고 계약했다고 하더라도 피해를 구제받기 위해서는 한국소비자보호원의 중재로 당사자가 합의하거나 민사소송 등을 통해야 하므로 사전에 계약서나 약관상의 세세한 내용을 심도있게 따져 보고 결정하여야 한다.

m^2 단위로 정확한 면적을 기재하지 않고 단지 평형으로만 표기하는 것은 애매모호하니 주의가 필요하다. 전용면적은 계약자가 독점적으로 사용할 수 있는 면적, 실평수를 말하는 것이며 공급면적은 전용면적에 계단, 복도 등의 공유면적을 합한 것을 말한다. 가끔 전용면적에 공유면적을 포함하여 광고를 하는 경우가 있으니 주의를 기울여야 한다.

예를 들면 과거 소비자보호원 조사에서 특정 아파트 계약자의 경우 입주한 아파트 대지면적이 계약서상에 표기된 평형면적보다 부족함을 발견하고 보상을 요구했으나 보상을 받지 못해 곤란을 겪은 경우가 있었다.

(4) 대출 정보에 대한 확인이 있어야 한다

대출관련 내용은 특히 꼼꼼히 살펴야 한다. 예를 들면, 대출 금액과 이율이 얼마인지, 금리는 변동금리인지 고정금리인지, 대출기관이 큰 은행이나 보험사인지 아니면 소규모 할부금융사인지, 대출 기간은 몇 년인지, 주택관련 정책 대출인 국민주택기금인지 아니면 일반대출인지 등을 꼭 확인해야 한다.

금융의 특성상 이중 하나라도 미기재된 경우 낭패를 볼 수 있으므로 분양계약에 따른 대출약정시 대출약정 내용이나 단서조항 등을 꼼꼼히 챙기는 노력이 꼭 필요하다. 예를 들면, 분양광고에 1,000만원을 무이자로 빌려주고 잔금납부일로부터 2년 후 상환조건을 내세웠지만 실제로는 대출금 500만원은 잔금납부일로부터 1년 후에 먼저 갚고 나머지 500만원은 그 1년 뒤에 상환하도록 하는 조건으로 분양자들과 계약을 하는 사례가 있었다. 확정금리를 제시하지만 실제로는 연동금리인 경우도 이에 해당한다.

(5) 시행사와 시공사를 분명히 따져봐야 한다

시행사라고 하는 것은 해당 사업에 대한 모든 책임, 분양부터 입주까지의 모든 과정을 책임지고 관리하는 업체이고 시공사는 시행사로부터 도급계약에 따른 공사비를 받는 조건으로 시공만 하는 역할을 담당하고 있다. 그럼에도 불구하고, 사업부지를 보유한 중소업체들이나 개발업자가 대형 건설업체의 유명도를 이용하기 위하여 광고에 시공사 표시는 크게 적고 시행사는 보일 듯 말 듯 적게 적는 경우가 비일비재하다.

시행사가 부도날 경우 시공사는 거의 책임지지 않는 경우가 있을 수 있으므로 시행사의 지정 상태나 시공사의 책임범위를 별도로 확인하는 노력이 선행되어야 한다.

(6) 택지지구가 아님에도 불구하고 'ㅇㅇ지구'로 표시하는 경우

일반적으로 'ㅇㅇ지구'로 표시되는 경우 각 지자체, 토지공사, 주택공사 등이 직접 아파트 부지를 개발하여 업체에 공급하는 곳으로 상하수도, 근린공원, 학교 등의 필수 생활기반시설이 잘 갖추어져 소비자들의 인기를 얻고 있는 곳으로 향후 투자 가치를 바라볼 수 있는 곳이라고 볼 수 있다.

일부업체의 경우 실제로는 분양 아파트가 지구 밖에 위치하고 있음에도 불구하고 지구 내에 포함되어 있는 것처럼 분양하는 경우를 많이 볼 수 있는데 이 경우 '택지개발지구'라는 정식 명칭과 유사한 '지구'라고만 표기하기도 한다.

(7) 건설업체가 초고속정보통신관련 허위 광고를 할 때

일부 업체의 경우 아파트 분양광고에 초고속정보통신 1, 2등급 인정 엠블렘을 사용하고 있는데 예비인증을 받지 않은 상태에서 마치 받은 것처럼 광고하거나, 예비인증을 받고 정식인증을 받은 것처럼 광고하는 경우에도 허위 광고이다.

(8) 객관적인 근거 없이 배타적 표현을 쓸 경우

'○○역 생활특구', '국내 최고급 인테리어', '○○지역 마지막 역세권 대단지' 등에서와 같이 객관적인 근거 없이 '마지막' 이란 문구 등을 쓸 경우 부당 광고에 해당하는 것이라고 공정위는 지적하고 있다. 통상적으로 입지와 관련해서 '인근에 또는 주변에' 라는 표현을 쓰기 위해서는 단지에서 반경 1㎞를 넘지 않아야 된다.

과장 광고 문제를 해결할 수 있는 방법은 있나

부동산 경기에 개의치 않고 각 업체별로 개발 사업의 성패를 좌우하는 분양에 대한 노력은 치열해지고 있고, 이에 따라 허위·과장 광고 행위가 많이 늘어나고 있는데 관련 부처의 적극적인 대응과 소비자의 신중한 판단이 요구된다.

대부분의 경우 관련 부처에 소비자 고발이 있다고 해도 소비자가 보상을 받는 경우는 거의 없었으며, 일단 아파트 등을 분양받고 입주하게 되면 소비자들이 손해를 떠안는 것이 소비자 주권시대를 사는 오늘날의 현실이다

매번 되풀이되는 업체의 과장 광고에 대하여 정부는 법규 위반 행위에 대한 감시를 강화하고 재발시 시정명령과 과징금 부과 등의 행정조치를 취하는 적극적인 대응과 함께 근본적인 대책을 강구해야 한다.

 절대로 손해 안보고 내 집 마련으로 재테크하는 기술

　궁극적으로 2003년 7월 시행 예정인 제조물책임법의 배상 대상에 분양주택 등 부동산을 포함시키고 '중요한 표시 광고 사항 고시' 업종에 분양광고를 추가해 업체들의 허위 과장 광고를 근본적으로 제어해야 한다.

　소비자 입장에서 본다면 생활주변에서 넘치고 있는 분양광고를 올바로 보고 판단하여 피해를 방지하기 위해서는 업체들의 분위기 조장에 휩쓸려 분양광고에만 의존하지 말고 반드시 현장을 확인해야 한다.

　모델 하우스는 물론이거니와 아파트가 들어설 현장을 직접 돌아보고 중개업소나 해당지역 관할 시, 군, 구청 등에 해당 광고 내용을 일일이 확인하는 노력으로 이와 같은 눈가림을 벗어날 수 있다.

14 분양권, 내가 살 아파트는 내가 정한다

분양권으로 내 집을 마련할 수 있다. 하지만 분양권 매매의 경우 매수시점을 잘 잡아야만 투자에 따른 이익을 극대화할 수 있다. 가장 시세 반영이 적게 된 시점을 파악하고 개인 사정에 맞춰 구입하는 것이 요령이다.

계절적으로 아파트 시장이 비수기인 때 매물이 쌓이게 되고 급매물의 경우에는 매수자를 찾기가 만만치 않기 때문에 가격은 협상의 여지가 많다. 내 집을 마련할 수 있는 방법은 많이 있지만 아직까지도 서울지역과 일부 수도권지역에서의 신규 분양은 매력적인 투자처로 여겨지고 있으나, 청약통장을 가지고 청약경쟁에서 당첨이 되어야만 가능한 것이니 아쉬움만 남는 경우가 다반사이다.

청약 자격은 없고 새 아파트를 원하는 사람의 경우에는 '아파트 분양권'에 관심을 가져볼 만하다. '분양권'이라 함은 주택을 분양받은 권리로 과거에는 일단 주택을 분양받게 되면 입주시까지 타인에게 그 권리를 양도할 수 없었다. 이처럼 입주시까지 타인에게 분양권을 양도할 수 없게 하였던 이유는 주택에 대한 투기를 방지하기 위해 실수요자가 아니면 분양을 받아 시세차익을 노리고 타인에게 입주 전에 양도하는 것을 방지하기 위한 것이었다.

돈이 된다고 하니 불법적으로 분양권 전매를 하는 경우가 있었는데 이 경우 합법적이지 않기 때문에 프리미엄을 주고 샀다 하더라도 분양계약자 명의가 매수자로 변경되기 위해서는 입주시까지 기다려야 한다는 불안감을 떨쳐버릴 수 없었다.

그러나 1998년 8월부터 극도로 침체된 분양시장을 활성화하기 위해 정부는 분양권의 전매를 허용하게 되었고 그 동안 분양계약 후 입주 전까지 2~3년간 자금이 묶일 수밖에 없던 주택이 단기 투자상품으로 전환되어 새로운 투자상품으로 떠오르게 되었다.

유의할 사항은 투기지구의 경우 2003년 6월부터 분양권 전매가 소유권 이전 등기시까지 금지된다는 사실이다. 따라서 비투기지역 내 분양권 거래가 가능한 분양권에 관심을 가지는 것이 실수요자에겐 필요하다.

이제 청약통장이 없어서 새 아파트를 분양받을 수 없던 사람들은 입주 때까지 기다리지 않더라도 도중에 합법적으로 분양권을 매입, 자기 명의로 안전하게 보유할 수 있어 새로운 내 집 마련 수단으로 자리잡고 있다.

분양권의 매입 시기는 언제가 좋을까

아파트 청약 후 당첨되었다면 실수요자의 경우에는 문제가 없겠지만, 투자 목적으로 청약 후 당첨된 사람의 경우에는 계약 시점에 프리미엄 차익을 얻은 다음에 집중적으로 매도하고자 할 것이므로 이때 분양권을 매입하는 것도 좋은 방법 중 하나다.

다만, 청약 경쟁이 과열된 지역의 경우에는 상당한 거품이 프리미엄에 포함되어 있을 여지가 있기 때문에 신중하게 고려하되, 자금이 급한 급매물 분양권을 선택하는 것도 초기 자금 부담을 줄이는 요령이다.

계약 시점 후 대체로 투자 목적의 청약자에서 실수요자로 손바꿈이 이루어지기는 하지만 이때를 놓치게 되면 1차 중도금 시점도 적절한 분양권 매수 시점이라고 할 수 있다. 이는 계약 시점에 분양권 매도 시기를 놓친 사람들이 더 이상의 자금이 소요되기 전에 처분하려고 하기 때문이다.

15 아파트 분양권, 이것저것 따져 고르자

분양권으로 집을 사는 것은 여러 모로 편하다. 청약통장이 없어도 된다. 원하는 지역을 선택할 수 있다. 원하는 브랜드를 고르고 동호수도 내가 정할 수 있다. 하지만, 요모조모 따져서 사야 집값이 오르고, 돈을 벌 수 있다.

(1) 분양권을 대상으로 한 제한권리가 있는지 조사한다

매입하려는 분양권에 가처분이나 가압류 등의 권리상의 하자가 있을 수 있으므로 이를 꼭 확인하고 분양권을 매입해야 한다. 일반적으로 분양권에 대하여 가처분이나 가압류 등의 권리가 설정될 경우에는 소유권이 분양자에게 넘어가기 전이므로 건설회사를 통해서 확인할 수 있다.

(2) 중도금 연체 사실을 확인해야 한다

중도금 연체 사실에 대해서는 분양계약서를 보고 간단히 알 수 있지만, 분양금에 대한 정리가 지연되는 경우도 있으므로 가급적 시공업체에 이를 꼭 확인하고 연체이자 부분에 대해서도 확실하게 매듭짓고, 이를 계약서에 분명하게 명시하여야 한다.

또한 최초 분양계약시의 분양조건을 변경하여 계약하는 경우도 있는데 예를 들어 중도금 납입조건을 변경하여 계약을 체결한 세대의 경우에는 이를 확인하여 분양계약회사로부터 이의가 없는지를 따져 보아야 한다.

(3) 적정가격으로 매입하는지 파악하라

분양권이 항상 가격이 싼 것이 아니므로 주변 아파트 시세와 비교한 후 입주 시점에서 예상가격과 금융비용 등을 분석해 보아야 한다. 이때만큼은 앉아서 머리로 생각하지 말고, 현장을 답사하고 인근의 부동산 사무실을 돌아보며 실제 거래 가능 금액을 예측해 보아야 한다.

분양권 전매의 가장 큰 목적 중의 하나가 바로 입주 후 내 집을 마련한다는 의미도 있지만 투자 가치도 빼놓을 수 없는 부분이기 때문이다.

(4) 입주 시기가 빠른 것을 선택해야 한다

입주 시점이 늦을 경우 금융 비용이 부담될 수 있으므로 되도록 입주 시점이 빠른 아파트의 분양권을 매입하는 것이 투자 가치 측면에서 손익을 따져 볼 수 있는 중요한 기준이다.

 절대로 손해 안보고 내 집 마련으로 재테크하는 기술

(5) 분양권 매입시기 선택에 신중해야 한다

분양권 매매의 시세도 부동산 경기의 흐름을 타기도 하고, 또한 급매물이 있을 수도 있다. 때로는 잘 알아둔 부동산업소의 도움으로 생각치도 않은 수익을 올릴 수도 있으니 부지런히 발품을 들여서 정보를 입수해야 한다.

(6) 지역선호도가 높은 곳을 노려라

분양권에 프리미엄이 붙는 지역은 한정돼 있다. 서울에선 강남, 서초, 송파, 마포, 성동구 등의 분양권 선호도가 높아 유망한 지역들이다. 하지만 개인 사정에 따라 일반적인 선호도와 다르게 평가할 수 있다는 것을 염두에 두어야 한다.

(7) 비싸도 로열층을 잡아라

로열층과 비로열층의 가격 차이는 입주가 가까워질수록 벌어지는 게 일반적이다. 특히 한강변에선 무조건 한강이 보이는 물건을 매입하라. 입주 전에 매도해 시세차익을 올릴 목적이라면 더욱 로열층을 사야 한다.

(8) 대표성이 높은 아파트를 매입하라

지역별로 가격상승을 선도하는 지역 대표 분양권이 있다. 이들 분양권은 불황기에도 가격 하락폭이 적고 호황기에는 가격 상승을 선도하게 된다.

⑼ 입주 시점을 머리 속에 그리고 사라

분양권은 당장 들어가 살 수 있는 기존 아파트와는 다르다. 지금은 다소 살기에 불편하더라도 입주 시점에 환경이 좋아지는 곳을 선택해야 한다.

⑽ 브랜드 인지도를 고려하라

어느 회사가 시공했는지를 살펴봐야 한다. 같은 값이면 믿을 만한 시공사가 건립하는 아파트를 고르는 게 유리하다.

⑾ 환경친화형 아파트가 뜬다

단지 주변에 공원이나 야산 등 녹지공간이 풍부한 곳이 좋다. 조망권은 갈수록 비중이 높아지는 추세다.

⑿ 사통팔달의 도로망을 갖춘 곳이면 금상첨화다

도로가 땅 팔자를 바꾸듯이 아파트 값에도 큰 영향을 미친다. 서울 도심과 쉽게 연계되는 도로나 지하철을 갖춘 곳은 아파트 시세도 강세를 보일 가능성이 높다.

⒀ 대단지를 선택하라

단지 규모가 커야 환금성이 좋고 입주 후에 아파트 시세가 높게 형성된다. 서울 지역에선 대단위로 조성되는 재개발 재건축 단지를, 수도권에선 택지개발지구나 1천가구 이상의 단지를 노리는 게 바람직하다.

  절대로 손해 안보고 내 집 마련으로 재테크하는 기술

⑭ 기존 아파트 시세 변화를 눈여겨봐라

분양권 시세는 기존 아파트 값의 영향을 많이 받는다. 통상 팔려는 물량이 많은 비수기에 아파트 시세가 낮게 형성된다. 분양권도 마찬가지다. 물량이 많이 쏟아질 때 구입하면 그렇지 않을 때보다 더 싸게 살 수 있다.

⑮ 분양권의 시세 흐름을 체크한 후 구입하라

분양권 시세에도 흐름이 있다. 내재 가치는 변하지 않더라도 수급이 달라지기 때문이다. 구매하려는 분양권 가격이 분양 후 전혀 변하지 않았다면 거래가 거의 없다고 봐도 된다. 또 일시적으로 많이 오른 분양권도 거품일 가능성이 높다.

부동산 재테크 워밍업!!!

"내 집 마련 후에는 뭐하지? 부동산 재테크!!!"

자, 이제 내 집을 마련했다. 마음의 평화도 얻었고, 전셋값 오르는 것도 그리 신경에 거슬리지 않는다. 새로 산 아파트 가격이 오른다는 이야기도 있다. 아파트가 없었을 때는 가슴이 '철렁' 했지만 지금은 속으로 웃고 있다.

주변을 두리번거린다. 부동산 재테크로 돈을 잃은 사람도 물론 있다. 하지만 번 사람은 더욱 많다. 그들을 공부해 보자. 그들은 왜 그곳에 투자했을까, 나라면 어떻게 했을까, 정책이 바뀌었다는데…….

수익성을 따질까, 아니 안전성이 최고라던데. 오피스텔, 주상복합아파트, 경매, 공매, 전원주택, 아파트 청약, 토지, 입주권, 미분양 아파트 등 부동산 상품은 왜 이리도 많은지 모르겠다.

알아야 투자할 수 있다. 부동산 상품을 연구해 보자. 우선 본인의 투자 성향을 자가진단해 보자. 요즈음엔 사상의학을 따져 재테크도 한다는데. 소양인인 나에겐 어떤 상품이 어울릴까. 제대로 한번 해 봐야지.

그 동안에는 신문에서 스포츠면을 제일 먼저 펼쳤다. 지금은 달라졌다. 부동산면이 제일 궁금하다. 이번 동시분양 청약 결과는 어땠을까. 프리미엄은 얼마나 붙을까. 새로 나온 분양 물건은 어떤 게 있지?

내게 딱 맞는 부동산 상품에 대하여는 한번 욕심을 내 보자. 전문가에게도 주저 말고 상담해 보자. 지금 당장은 집사는 데 돈을 썼지만 나도 투자할 의향이 있다. '지금처럼 공부했다면 한 인물 했을 텐데' 할 만큼 공부해 보자.

01 투자 가치 있는 아파트 고르는 노하우

누구나 관심을 가질 수 있는 아파트가 좋다. 그만큼 비싸게 가격이 형성되기 때문이다. 이런 조건을 가진 아파트를 고를 수 있어야 재테크에 성공할 수 있다. 안목을 키우는 것이 아파트 투자요령이다.

반드시 모델 하우스를 방문하여 '효용격차지수'를 따져 본다

일반적으로 모델 하우스를 방문하게 되면 단지 조감도 또는 배치도를 보게 된다. 그냥 멋지다라고 생각하면 오산이다. 투자 가치 판단에 대한 해답이 여기저기 꼭꼭 숨어 있기 때문이다.

최근 들어 아파트 가격을 결정하는 변수가 다양해지고 있다. 이에 따라 아파트의 분양 가격을 차등 적용하는 객관적인 방법이 보편화되고 있는 형편이다. 이른바 '효용격차지수'이다. '효용격차'

란 주변 입지여건에 따라 같은 단지 같은 층과 동의 분양가를 차등하여 정하는 것을 말한다.

예를 들면, 같은 단지내 동일한 평형의 아파트의 경우일지라도 로열층, 비로열층과 같은 층별 차이를 비롯해 남향, 동향 등의 향 차이, 소음과 접근성, 조망과 일조, 프라이버시, 구조와 형태, 주차 공간, 건축년도 등이 직간접적으로 구체적인 아파트 가격 결정 요인으로 작용하고 있다.

모델 하우스에 있는 조감도, 배치도를 놓고 향을 분석하고, 현장을 방문하여 인근 아파트와의 상관관계를 잘 따지다 보면 자연스럽게 숨어 있는 투자 가치를 찾아 낼 수 있다. 만약 층과 향이 좋은 상태에서 우연히 현장을 방문하여 확인한 결과 바로 옆에 공원이 위치한 아파트라면 말할 것도 없이 동일 단지, 동일 평형 내에서도 가장 높은 가격을 형성할 것이기 때문이다.

다만, 조감도나 배치도의 경우 해당 단지만을 부각시켜 다소 과장되는 측면이 없지는 않다. 단지 주변을 녹지로 조성해 놓은 경우, 대로에 연접하여 과장하는 경우, 시원스러운 연못을 배치하는 경우 등이 바로 그것이다.

모델 하우스에서 찾은 단지의 숨은 가치에 대한 최종적인 평가는 현장에서 마무리될 수 있다. 공사 현장을 직접 방문하여 보면 생각 외로 선택은 쉬워질 수 있기 때문이다. 부동산의 답은 언제나 현장에서 쉽게 찾을 수 있다는 사실을 아울러 알아두면 좋다.

 절대로 손해 안보고 내 집 마련으로 재테크하는 기술

한강 조망권의 차이는 2억원이다?

한 부동산 정보업체 조사에 따르면 서울 지역 아파트 2257가구를 대상으로 동·호수 별 가격차를 조사한 결과 평당 상한가는 평균 1043만원, 하한가는 932만원으로 같은 평형에서도 평당 111만원이 차이나는 것으로 조사되었다고 한다.

업체 조사에 따르면 아파트 동일 평형 가격차는 강남구 압구정동 일대와 한강 조망지역, 남산 조망지역 등이 가장 크게 나타나고 있다고 한다.

중구 신당동 남산타운아파트는 남산 조망권으로 인해 가격 차이가 벌어지는 사례다. 같은 42평형 아파트라도 남산 전경이 보이는 42평형은 최고 6억5000만원을 호가하지만 남산 조망권이 없는 42평형은 이보다 2억3000만원 가량 값이 떨어진다.

이에 반해 강남구 압구정동 일대 현대, 한양아파트는 절대 가격 자체가 높아 상한가와 하한가 차이가 큰 경우다. 압구정동 구현대 6차에서 수리가 잘된 65평형 로열층은 16억원으로 동일 평형 최저가보다 4억원이나 비싸다.

주변 아파트와 차별점을 가진 아파트를 고른다

교통여건, 단지 규모 차이, 주거환경, 조망권 등에 따라 아파트 가격이 차이가 나고 있다. 심지어는 동일한 평형이라도 가격 차이가 난다. 특히, 한강 조망권의 경우 동일 아파트, 같은 평형 아파트

(단위 : 백만원)

지 역		아파트명	평 형	하한가	상한가
강남구	압구정동	구현대6차	65	120,000	160,000
중구	신당동	남산타운	42	42,000	65,000
마포구	신정동	서강LG	45	38,000	60,000
서초구	서초동	삼성가든스위트	107	180,000	230,000
성동구	옥수동	삼성	44	45,000	65,000
강남구	대치동	개포우성1차	55	100,000	125,000
송파구	잠실동	아시아선수촌	52	97,000	120,000
성동구	금호동	대우	44	44,000	63,000
광진구	구의동	현대프라임	47	60,000	80,000
송파구	오륜동	올림픽선수촌	53	88,000	110,000
노원구	중계동	양지대림2차	32	15,500	28,500

의 가격을 억대의 차이가 나게 만들 정도다.

이런 차별화 현상은 올들어 신규 분양시장뿐만 아니라 기존 주택시장에서도 광범위하게 나타나고 있다. 소득 수준이 높아지면서 삶의 질을 높이는 요인들이 자연스럽게 아파트 값에 반영되고 있는 것으로 풀이된다. 점차 사람들이 아파트 선택의 제1조건을 단순 가격비교에서 이제 '내재가치의 비교'에 두고 있기 때문이다.

이러한 트렌드의 변화를 읽고 빨리 실천에 옮기는 것도 효율적인 부동산 재테크 요령이라고 본다.

미리미리 준비하면 타이밍을 잡을 수 있다

부동산은 타이밍을 사는 것이라고 한다. 정확한 시점 선택은 바로 투자에 따른 가격상승으로 되돌아오기 때문이다.

따라서, 돈이 있든 없든 원하는 아파트를 먼저 마음속으로 선택한다. 서민들이 월급에서 청약저축, 계약금, 중도금 등을 모으는 데 9년 내외가 걸린다고 한다. 그 동안 많은 일들이 일어난다. 적어도 미리 준비할 수 있는 것, 미리 준비해 두면 결정적으로 좋을 것들에 대하여 생각해 보아야 한다.

미리 선택하면 많은 장점이 있다. 우선 선택한 아파트에 대한 가격의 추이를 잘 파악할 수 있다. 가격의 변곡점이 생길 때마다 관련된 부동산 정책, 금리 정책, 주식시장, 은행 등을 챙겨 보면서 근본적인 원인을 나름대로 시뮬레이션해 볼 수 있어 매수시점에 대한 객관적인 평가가 가능해진다.

뒤집어 생각해 보자. 수년간에 걸쳐 나름대로 목돈이 생겼다고 전제하자. 그때부터 어느 지역, 어떤 아파트를 선택할지 고민하게 된다면 선택의 폭도, 시간도 적어지고 실패할 수 있는 가능성이 높아진다. 자기가 판단하는 것이 아니라 다른 사람들의 검증되지 않은 의견에 이끌려 갈 것이 분명하다.

미리 특정 지역에 대한 다양한 분석을 하다 보면 가격 변화에 따른 원인과 결과를 나름대로 예측할 수 있다. 최저 가격 시점 또는 높은 가격이지만 한번 더 반등할 만한 충분한 이유가 있다면 과감하게 아파트를 살 수도 있다. 웬만한 전문가보다 낫다. 집중적으로 한두 곳을 연구하기 때문이다.

지속적으로 관심을 가지고 급매물을 찾아낸다

훗날 살고 싶은 아파트 인근 중개업소와 잘 지내야 한다. 어디든 개인사정으로 싸게 팔아야 할 사정이 있는 사람이 생기기 마련이다. 이런 사정을 1차적으로 접하는 사람이 바로 중개업자이다. 좋은 관계를 맺어두면 생각보다 손쉽게 내 집 마련에 성공할 수 있다.

급매물은 인근 시세보다 싸면서, 경매를 통한 명도 문제 등의 부담을 피할 수 있어 상대적으로 유리하지만 부지런해야만 그런 기회를 얻을 수 있다.

단지 규모는 절대적인 기준이 아닐 수 있다

물론 준농림지 한가운데 지어지는 아파트의 경우 기본적인 단지 규모가 아파트 가격에 절대적인 영향을 줄 수 있다. 하지만, 서울시 동시분양의 경우 단지 규모가 작다는 이유로 우선 눈길을 못받는 아파트가 있다.

인근 지역이 아파트단지를 이루고 있어 해당 아파트에 입주하게 되면 인근 지역 아파트 생활과 그리 큰 차이가 없는 곳이 있다. 눈치가 빠른 사람들은 이런 아파트에 주목할 필요가 있다.

당장 시세차익은 크지 않더라도 살면서 편하고, 저렴하게 구할 수 있는 아파트를 선택하는 혜안이 필요하다. 그런 아파트는 시간이 지나면서 점차 인근 지역 시세와 대체로 어깨를 나란히 하는 경

향이 있다. 그런 아파트는 일정 시간이 지나면 지역적 내재가치에
의해 평가를 받아 인근 지역 아파트끼리 동일한 가격대를 형성한
다.

모델 하우스는 그 집의 최상의 상태를 보여 줄 뿐이다

모델 하우스는 꼭 방문하여야 한다. 방문시 분양가 내에서 건축
비 수준에 걸맞는 마감자재로 시공을 하는지, 플러스 또는 마이너
스 옵션 문제는 어떤지, 각 마감자재의 사양은 어떤지 등을 살펴야
한다. 제일 중요한 것은 각 공간(침실, 거실, 욕실 등)에 대한 체감
과 자신의 라이프 스타일을 대비해 보는 일이다.

마감자재 등은 약간의 비용을 들여 변경이 가능하지만 기본 공
간의 배치는 근본적으로 바꾸기 어렵기 때문이다. 평소 많은 모델
하우스를 방문하여 각 공간의 평형별 기본 면적(안방, 거실, 욕실,
식당, 기타)에 대한 공간 체험을 꼭 해 두는 것이 필요하다.

불황기에 더욱 빛나는 아파트를 선택하자

IMF는 우리들에게 많은 것을 다시 생각하게 하였다. '고정관념'
을 생각할 겨를 없이 바꿔 놓았다. 많은 사람들이 한없이 떨어졌다
가 오르는 아파트 가격을 일정기간에 걸쳐 체감하였다. 그 동안 나
와 상관없어 보이던 그 '가격'을 직접 느꼈던 것이다.

사실상 어떤 아파트를 선택해야 하는지 뼈저리게 경험한 셈이다. 과거 공식처럼 책에 나오는 몇가지 선택 기준도 중요하지만 무엇보다도 중요한 것은 가격 탄력성을 지닌 아파트라는 것을 깨달았다.

경기 변동기에 가격의 하락폭이 상대적으로 적으면서도 회복기에는 곧바로 가격을 거뜬하게 회복할 수 있는 아파트, 불황기에 든든한 아파트가 바로 그 답이다.

 절대로 손해 안보고 내 집 마련으로 재테크하는 기술

02 모델 하우스, 어디까지가 진실인가

모델 하우스를 가보면 참으로 잘 꾸며 놓았다. 살고 싶은 생각이 절로 든다. 하지만 모델 하우스의 설치 목적을 알아야 한다. 건설회사는 있는 그대로를 보여주기보다는 때론 가상의 환경을 조성하여 소비자를 현혹시킬 수 있다는 사실을 알자.

청약통장을 이용하여 내 집을 마련하는 경우 매월 나오는 서울시 동시분양과 모델 하우스를 가장 먼저 연상하게 된다. 아파트를 짓기 전에 미리 신청할 아파트에 대한 여러 가지 정보를 찾아보고, 확인할 수 있는 방법이 바로 모델 하우스를 보는 것이기 때문이다.

요즈음 눈에 띄는 마감재와 새로운 평면의 모델 하우스가 수요자들의 눈길을 끌고는 있다. 내부 구석구석 꼼꼼히 살피지 않으면 호화로운 인테리어와 연출된 분위기에 현혹되기 쉽다. '한번의 선택이 10년을 좌우한다' 라는 심정으로 이것저것 따져 보아야 한다.

모델 하우스는 입주자가 이렇게 꾸미고 살 수 있다는 것을 보여주는 하나의 사례에 불과하므로 실제 지어지는 아파트와는 차이가 있게 마련이다. 방문할 때는 기본적으로 무엇이 다른지를 찾아보겠다는 마음으로 하는 것이 좋다.

모델 하우스를 제대로 보는 방법

(1) 가장 먼저 주변현황도 및 단지배치도를 살펴야 한다

모델 하우스에 들어선 후에는 가장 먼저 주변현황도 및 단지배치도를 검토해 보아야 한다. 물론 모델 하우스 내에 설치된 모든 시설에 대하여 관심을 가지도록 하고 모르는 부분이 있을 경우에는 무조건 상담원을 통하여 확인하도록 하자.

주변현황도에서는 도로현황 또는 지하철이 어떻게 연계되는지, 지하철과 가까워 소음이 심하지는 않은지 등을 살펴야 하며, 단지배치도에서는 단지간 간격과 형태, 방향, 경사도, 출입구의 위치, 주차시설, 놀이터, 상가위치 등을 살핀 후 내가 분양받고자 하는 평형은 총 몇 가구이며, 향이나 층은 어떻게 되는지 등을 알아보아야 한다.

(2) 내가 생각하는 아파트를 미리 그려 보고 방문한다

모델 하우스를 방문하기 전에 살고 싶은 집을 머리 속에 그려보는 것이 좋다.

전반적인 내부 색상이나 분위기, 방과 화장실 수, 내부 구조 등

 절대로 손해 안보고 내 집 마련으로 재테크하는 기술

에 대한 바램을 미리 정해 놓고 방문하여 비교하도록 한다.

(3) 분양가에 포함되는 것과 아닌 것을 구분하여 본다

고객을 헛갈리게 하는 것 중 하나가 전시품과 기본 품목의 구분이 없는 것이다. 전시품이 전혀 없는 상태를 상상해 보는 것도 집을 선택하는 데 좋은 방법이기도 하다.

(4) 과장된 모델 하우스 연출에 속지 말아야 한다

실제 시공되지 않는 확장형 발코니 연출, 의도적으로 높인 천장 층고, 실입주시 제공되지 않는 장식용품, 전시용 가전제품 등 때문에 실제 입주시에 모델 하우스와 똑같은 분위기를 연출할 수 없으니 주의하여 관람하여야 한다. 거실과 발코니를 튼 확장형 발코니도 입주 후 별도의 비용을 들여 시공해야 하는 것임을 기억한다.

일부업체의 경우에는 교묘한 눈속임으로 수요자를 현혹하는 사례도 있는데, 실제면적보다 아파트 실내가 넓어 보이도록 발코니의 턱을 없애고 거실과 발코니 바닥 높이를 같게 모델 하우스를 꾸미는 경우도 있다. 또한 모델하우스의 바닥과 가구 등에 원목 느낌이 나는 비닐을 씌우기도 한다.

(5) 베란다 샤시는 초기에 계약하는 것이 좋다

일반 업체에서 시공하면 값이 싸지만 사후 관리에 문제가 있으므로 분양 초기 아파트 시공업체에게 맡기는 것이 좋다.

(6) 모델 하우스는 한가한 날 방문하도록 한다

관람객이 많다고 해서 해당 아파트가 인기가 있다고 볼 수 없는데도 주택업체들은 수요자들의 관심을 유도하기 위하여 임직원이나 직원 가족을 동원하여 모델 하우스가 북적거리는 모습을 연출하기도 한다. 그러한 연출의 동원된 허수에 속아서는 안 될 것이다.

또한 복잡한 주말을 피해 한가한 주중에 모델 하우스에 가야만 세밀하게 살필 수 있으며, 화장실과 이 방, 저 방, 거실을 실제 생활하듯 다닐 수 있다.

한가한 날 여유롭게 가족과 동반하여 방문하는 것이 좋다. 그 이유는 가족 구성원의 취향이나 인원을 염두에 두고서 아파트 평면을 확인할 수 있으며, 주방과 각 방, 화장실 배치와 수가 가족의 수나 나이에 맞는지, 가족간 프라이버시에는 문제가 없는지를 즉석에서 검토할 수 있기 때문이다.

(7) 건립될 아파트 부지는 반드시 확인하여야 한다

모델 하우스를 방문하고 난 뒤에는 반드시 현장실사를 해야 한다. 모델 하우스내 상담원이 말하는 분양률은 과장된 경우가 많으므로 전적으로 믿어서는 안되며, 반드시 현장답사를 통하여 확인하여야 한다.

현장 확인을 통하여 지어지는 아파트단지 주변에 쓰레기처리장 등의 혐오 시설은 없는지, 향후 전망에 어떤 지장을 줄 건물이 들어설 가능성은 없는지 등을 확인하여야 한다.

모델 하우스에 있는 위치나 조감도만 가지고는 실제를 명확히 파악할 수 없으므로 반드시 건립될 현장을 다시 한번 확인한다.

(8) 교통여건 및 계획을 살펴본다
　대부분의 아파트가 수도권 일대에서 건립되고 있어, 서울로의 접근성에 대한 홍보를 강조하지만 실제 교통여건이 제대로 성숙되지 않은 경우가 많다.

(9) 도우미나 영업사원의 말에 현혹되지 않는다
　모델 하우스의 도우미나 영업직원은 자사 상품을 과대 포장하여 설명하는 경우가 많으므로 실제 카탈로그와 대조하여 확인하고, 그것을 입주시까지 보관하는 것이 좋다.

03 토지 투자, 호재를 따르더라도 막차는 조심!

'행정수도 이전'으로 충청권 토지시장이 들썩이고 있다. 대통령선거 직후 불기 시작한 투자 열풍은 이제 다소 진정세를 보이고 있으나 여전히 식지 않는 열기를 느낄 수 있다. 토지 투자는 연고가 있는 지역에 하는 것이 좋다. 이유는 투자자가 알고 있는 지역이기 때문에 판단도 스스로 할 수 있기 때문이다.

전반적인 부동산 경기 침체기에도 토지 가격이 움직이는 곳이 있다. 시중에 갈 곳을 몰라 부유하고 있는 여유자금은 그냥 가만히 있지 않는다. 어딘가 호재가 있다면 그곳으로 몰리게 마련이다. 충청권 토지시장이 예사롭지 않다. 바로 '행정수도 이전'이라는 상승 모멘텀이 있기 때문이다.

"돈이 유입되고 있다는 것을 체감하고 있죠. 이곳에 관심을 가진 사람들이 그냥 놀려고 오지는 않겠죠. 아마도 그냥 지나치는 바람

같지는 않습니다.”

행정수도 이전에 따른 기대심리로 충청권 토지 가격이 상승하고 있다는 기사를 접한 김기수(37) 씨는 아직 고향에서 중개업을 하고 있는 후배로부터 전화를 받고서는 가슴이 울렁거린다. 이제는 모두 고향을 떠나 서울에서 살고 있지만 가지고 있는 약간의 토지와 건물을 파실 의향이 있느냐는 전화를 받았기 때문이다. 가격도 아주 만족할 만하다.

“사실 이곳은 얼마 전까지만 해도 호가만 있었지 거래는 거의 없었거든요. 하지만 요즈음은 직접 돈을 들고 와서 바로 계약하겠다는 사람들이 심심치 않게 나타나고 있어요. 파실 생각이 있으면 말씀해 주세요. 좋은 가격으로 처리해 드릴게요.”

후배 정사장의 말에 김기수 씨는 우선 지난 신문을 뒤적여 보았다. 연말부터 불기 시작한 충청권 부동산시장이 예사롭지 않았다. 나중에 시골에 내려가서 살겠다고 남겨 둔 토지였기에 팔 생각을 한번도 해 본 적이 없었다. 잊고 있었던 그 땅을 지금 팔면 얼마가 생긴다는 사실에 갈등이 없는 것도 아니다.

가뜩이나 개발 호재에 목말라하던 투자자들이 충청권 토지를 가만 놔둘 리가 만무하다. 그러나 ‘행정수도 이전’ 후보지로 거론되고 있는 곳의 토지에 지금 투자해도 늦지는 않을까 싶지만 장기적인 투자 의향이 있는 사람이나 자금 여력이 있는 사람은 한번 투자를 고려할 만하다.

토지에 투자를 한다는 것은 어쩌면 부동산이 가지는 환금성의 제약에 걸려 장기간 자금이 묶일 수도 있는 일이다. 열풍처럼 휙 지나가는 일시적인 바람에 휩쓸려 나중에 이러지도 저러지도 못하는 일이 생길 수도 있다는 것을 투자를 생각한다면 반드시 고려해야 한다.

하지만 리스크 없는 투자는 없다. '행정수도 이전'이 그리 만만한 것은 아니지만 단순한 투자 호재에만 기대는 것은 아니다. 경부 고속철도, 청주공항 등 나름대로 투자 가치를 증대할 만한 재료도 있기 때문이다. 따라서 장기적인 투자 의향을 가진 투자자는 충청도 토지에 관심을 가져볼 만하다. 가능한 개별적인 호재를 가진 곳보다는 복수의 개발 호재를 찾을 수 있는 지역을 중심으로 선별 투자하는 혜안이 필요하다.

계룡 신도시, 공주시 장기 지구, 연기군 남면 일대, 충북 청원군 오송 지구 등이 '행정수도 이전'에 따른 수혜 대상 지역이라고 볼 수 있다. 그 주요 거래 대상은 대개 도로변에 붙은 준농림지라 할 수 있다.

거래가 많지 않아 호가를 중심으로 소액으로 투자할 수 있는 준농림지의 경우 연기군 남면 종촌, 공주시 장기 지구에서는 평당 30만원대에 거래가 되고 있다. 농지와 임야는 평당 10만원 내외에 가격이 형성되고 있는 중이다.

투자자의 경우 남들이 사니까 나도 산다는 식의 투자는 위험천만하다. 수시로 현장을 방문하여 분위기를 파악한 뒤, 믿을 만한 중개업자에게 자주 연락해 급매물을 중심으로 선별 매수하는 것이 바람직하다.

 절대로 손해 안보고 내 집 마련으로 재테크하는 기술

행정수도 이전 어떻게 진행되나

행정수도가 들어설 부지가 2004년 상반기에 확정될 예정이다. 대통령직 인수위원회 관계자에 따르면 행정수도 이전은 선거 전략용이 아니었으며 앞으로 추진이 미뤄지거나 다른 방향으로 갈 성질의 것이 아니라며 행정수도 이전이 강력하게 진행될 것으로 전하고 있다.

2004년 상반기 행정수도 부지가 결정되기 전까지 충청권 투자열기는 상당 기간 지속될 것으로 보인다. 후보지가 결정되기까지 각 후보 예정지내 토지시장은 설왕설래 속에 강보합 이상의 가격이 형성 유지될 것으로 보여진다.

투자자는 투자 시기에 조심해야 한다. 막연한 시세차익을 기대하고 투자했다가는 돌이킬 수 없는 후회를 남길 수도 있다. 특히, 행정수도 예정지가 선정되면 전역을 시가화 조정구역으로 지정해 난개발을 방지하겠다는 관계자의 발언을 기억할 필요가 있다. 나아가 부동산시장 동향에 따라 토지거래 허가구역이나 투기지역으로 지정해 부동산 투기를 근절하겠다고 한다. 단기 거래를 통한 시세차익을 기대하는 것은 금물이다.

그린벨트를 알면, 토지 투자 차익이 보인다

말도 많고 탈도 많았던 그린벨트가 해제되고 있다. 2002년 9월 강남 자곡동 등 6곳이 해제되었다. 이후 시기를 조정하던 나머지 지역도 점차적으로 해제되고 있다. 서울시가 밝힌 그린벨트 해제 계획과 일정을 점검해 본다.

'인구 1천명 이상 또는 주택 3백가구 이상 집단 취락지'가 그린벨트에서 해제된다. 이런 지역이 서울에 모두 16곳이 있다. 강남구 자곡동 등 6곳은 2002년 9월에 해제됐고, 나머지 10곳은 취락 구조 개선 사업을 위해 2003년 3월부터 8월까지 단계적으로 해제되고 있다.

노원구 중계본동 29-47번지 일대, 상계4동(희망촌) 산161-12번지 일대는 2002년말 주민의견 수렴 절차를 마쳤다. 상계 4동 산161-12번지 일대는 3월달에 그린벨트에서 해제되었으며, 노원구 중계본동 29-47번지 일대는 도시개발공사의 개발계획 수립 때까

 절대로 손해 안보고 내 집 마련으로 재테크하는 기술

지 해제 보류되었다. 은평구 진관내외동, 구파발동 113-22번지와 국민임대주택 건립 후보지인 노원구 상계1동 1200-1번지, 강동구 강일동 등은 2003년 2월 중, 지구단위계획구역인 종로구 부암동 306-10번지 일대는 6월중 주민의견 수렴을 위한 공람 공고가 진행되었다.

북한산 국립공원 안에 있는 도봉1동 435번지 일대, 성북구 정릉 3동 760번지 일대의 11만 7500여 평은 3월경에 국립공원 해제 절차가 끝난 뒤 그린벨트 해제 절차가 추진되었다. 통상적으로 공람 공고 후 그린벨트 해제까지는 빠르면 3개월 정도 소요된다.

그린벨트 해제 지역 투자시 유의할 점은 무엇인가

(1) 원칙적 개발 기준

일단 그린벨트에서 풀리면 제1종 일반주거지역(용적률 1백50%, 4층 이하)이나 제1종 전용주거지역(용적률 1백%, 2층 이하)으로 분류된다.

다만, 서울시 등이 주민들로부터 토지를 사들여 공영개발하는 지역은 예외적으로 제2종 일반주거지역(용적률 2백%, 7층 이하)이 될 수 있다.

은평구 진관내외동, 구파발동 일대 1백만평, 국민임대주택 후보 지인 노원구 상계1동, 강동구 강일동 일대 34만2천평, 노원구 중 계본동 일대는 공영개발 대상 지역으로 제2종 일반주거지역으로 분류될 예정이다.

노원구 상계4동, 도봉구 도봉1동, 성북구 정릉3동은 제1종 일반주거지역으로 분류될 가능성이 크다.

종로구 부암동은 제1종 일반주거지역으로 할지, 제1종 전용주거지역으로 구분할지를 놓고 지구단위계획이 진행 중이다.

(2) 추가적으로 그린벨트가 해제될 지역은 어디인가

서울시내 그린벨트 우선해제지역은 16곳으로 인구 1천명 이상 또는 3백가구 이상이 살고 있는 집단 취락지가 대상이었다. 그렇다면 추가적으로 해제될 곳은 어디인가.

건설교통부는 주택 20가구 이상 취락지에 대해 각 지방자치단체가 해제 기준을 따로 정하도록 했는데 이 경우 서울지역 대상지는 84곳 정도로 파악되고 있다. 하지만 서울시는 1백가구 이상만 그린벨트에서 해제하겠다고 정하고 있어 대상지가 대폭 줄어들 것으로 예상된다.

(3) 그린벨트 해제 진행절차는 어떻게 되나

서울시가 해제키로 한 지역은 건설교통부의 별도 심의를 받지 않고 서울시 결정만으로도 해제할 수 있다. 서울시는 먼저 그린벨트 해제 대상지의 범위를 결정한 뒤 주민 의견 수렴을 위해 15일간 공람공고 절차를 밟게 된다.

공람공고시 큰 이견이 없으면 서울시가 계획한 해제안대로 시의회 의견 청취와 서울시 도시계획위원회 심의를 거쳐 그린벨트 해제가 통과되면 과보에 게재돼 정식으로 그린벨트에서 해제되는 절차가 이어진다.

 절대로 손해 안보고 내 집 마련으로 재테크하는 기술

경계선 관통지역이란

그린벨트 지정 당시 동네 일부 지역만 불합리하게 그린벨트로 편입된 지역으로 그 동안 같은 동네에 살면서도 일부 지역만 그린벨트에 포함되어 사유재산 활용에 제한을 받아 많은 민원이 야기되었던 지역이다. 송파구 거여동 266 일대 등이 대표적인 지역이라고 할 수 있다.

(4) 투자자가 유의할 점은 무엇인가

투자 목적으로 그린벨트 해제 대상 지역을 검토해서는 곤란하다. 이미 해당 지역의 거래 시세가 그린벨트 해제에 따른 호재를 반영하고 있기 때문이다. 전원생활을 계획하고 있었으나 전원주택이 가지는 많은 문제들(학교, 생활편익시설, 직장 문제 등) 때문에 고민하고 있었던 실수요자의 경우 수도권 외곽으로 나가는 위험을 피해 신중하게 매입을 검토할 수 있어 보인다.

가격이 부담이 되겠지만 향후 전원적인 분위기, 점진적인 투자가치 상승 등을 기대할 수 있어 동호인주택 개발 방식으로 뜻이 맞는 사람들끼리 모여 사는 것도 한 방법이 될 수 있다.

다만, 제2종 일반주거지역으로 개발되는 지역의 경우 용적률 2백%, 7층까지라는 양호한 개발조건에 현혹되어 비싼 값을 주고 사는 실수를 하지 말아야 한다. 이런 지역은 공영개발 대상으로 토지를 강제수용하여 개발하는 것이 원칙이므로 기대했던 투자 목적을 실현하지 못할 가능성이 크기 때문이다.

(5) 그린벨트 풀린 녹지지역, 토지적성평가 의무화된다

서울시는 '서울시 도시관리계획 환경성 검토 지침'을 발표하고 녹지지역 도시계획을 변경하거나 새롭게 입안할 경우 환경성 검토와 더불어 토지적성 평가를 의무적으로 시행해야 한다고 정하고 있다.

기존 그린벨트 해제 지구에 대해서는 특별한 형질변경 신청 등의 요구가 없으면 도시계획이 이뤄질 수 있었으나 두 가지 평가가 진행됨에 따라 계획 시간이 종전보다 4개월 가량 길어질 전망이다.

✻ 용어해설 ✻

토지적성 평가

토지의 물리적인 특성과 현재 토지의 이용특성, 공공시설이나 도로와의 접근성 등 3가지 항목을 종합적으로 평가하는 것으로 환경성 검토와는 별도로 진행된다.

환경성 평가

서울시는 2002년 12월 기상 및 에너지, 지형, 동식물 서식지, 소음, 진동, 폐기물 등의 항목을 검토하는 환경성 평가를 의무로 만들었다. 그 동안은 환경성 검토에 대한 의무적 규정이 없어 특별한 요청이 없을 경우 외에는 실시되지 않았었다.

 절대로 손해 안보고 내 집 마련으로 재테크하는 기술

05 재건축, 실수요자는 소규모 사업을 얕보지 말자

재건축 투자 여건이 달라지고 있다. 막연한 시세차익을 기대해서는 안된다. 실수요자의 경우 분명한 선택 기준을 가져야 한다. 모두가 좋아한다고 해서 부화뇌동할 필요가 없기 때문이다. 틈새 재테크 전략을 알아본다.

서울시는 공동주택 재건축 때 지구단위계획을 세워야 하는 범위를 종전 '300가구 이상'에서 '200가구 이상' 또는 '100가구 이상'으로 강화하려는 계획을 종전대로 유지키로 결정했다고 한다.

2002년 부동산 가격 폭등의 단초를 제공했던 재건축시장의 재건축 아파트 값이 정부의 규제책으로 안정세를 보이자 규제방안을 철회한 것으로 해석된다. 2002년 건설교통부가 적용 대상을 20가구 이상으로 확대한다는 안을 내놓기도 해 당초 소규모 재건축 시장에도 찬바람이 불 것으로 전망됐다.

따라서 300가구 미만 소규모 단지 재건축이 당초 예상과 달리

지구단위계획 적용을 받지 않게 돼 사업 진행에 탄력이 붙을 것으로 생각된다. 그 동안 소규모 재건축 추진단지의 경우 규제 강화에 따른 불똥이 튈까봐 전전긍긍했으나 서울시의 결정으로 300가구 이하 단지는 사업 진행이 유리해질 것으로 판단된다.

다만, 신축규모가 300가구 미만이고 대지면적 1만㎡ 이하 단지라도 지구단위 계획 적용을 받아야 하는 곳이 있다는 사실을 기억해야 한다. 아파트지구나 사업단지를 중심으로 반경 200m 이내에 4층 이내 건물이 70% 이상인 저층 지역 역시 지구단위계획을 받아야 한다.

아직 안전 진단을 통과하지 못한 사업추진 단지들은 더욱 바빠지게 되었다. 오는 2003년 7월 이후 도시 및 주거환경정비법에 따라 재건축사업도 재개발사업처럼 지방자치단체에서 재건축 정비지구로 지구 지정을 받아야 하지만 건립규모 300가구 미만, 면적 1만㎡ 이하인 곳은 적용받지 않는다.

좀더 자세히 말하면 일정 규모 이상인 아파트는 시장 또는 도지사가 10년 단위로 수립하는 도시 및 주거환경정비 기본계획에 포함된 뒤 재건축 정비지구로 지정돼야만 재건축을 할 수 있는 것이다. 이로 인해 향후 지구단위계획은 사실상 필요가 없어지는 셈이다.

소규모 재건축이 틈새다

'도시 및 주거환경정비법' 시행령 및 시행규칙 개정으로 300가

  절대로 손해 안보고 내 집 마련으로 재테크하는 기술

구 이상 또는 1만㎡ 이상인 공동주택의 경우 반드시 정비구역으로 지정한 뒤 재건축 또는 재개발이 가능하도록 정했다. 300가구 미만 또는 1만㎡ 미만인 공동주택은 정비구역 지정과 상관없이 재건축을 허용키로 한 것이다.

한편 '도시 및 주거환경정비법' 시행 전에는 지구단위계획 수립 절차를 거쳐 재건축을 해야 하지만 300가구 미만의 중소형 단지는 여기에도 해당되지 않는다. 소형 재건축아파트 사업여건이 좋아진 셈이다.

현재 서울시에 20년 이상 된 300가구 미만의 중소형 재건축 대상 단지는 100여곳으로 이중 사업추진이 활발하게 추진되고 있는 곳은 강남구 신도곡, 대치 해창, 가락 주공원호, 신반포 한신15차 아파트 등 4개 단지 정도로 각 단지별로 조합추진위 구성, 사업승인 등 사업 추진 단계는 차이가 있다.

현재 이 단지들의 시세는 강보합세를 보이고 있다. 사업승인을 마친 송파구 가락 주공원호아파트의 경우 13평형(대지지분 13평형)이 2억8천~3억1천만원을 호가하고 있다.

이들 소형 재건축아파트에 투자시 유의할 사항은 '도시 및 주거환경정비법'이 시행되기 전에는 300가구 미만의 소형단지라고 해도 입지여건에 따라 지구단위계획을 받아야 할 수도 있다는 점이다. 단지를 중심으로 반경 200m 이내에 4층 높이의 건물이 70% 이상인 저층지역일 경우 지구단위계획을 세워야 하기 때문에 사업 추진 일정이 다소 길어질 수도 있다.

[표 4-1] 안전 진단 통과 소규모 재건축단지

단지명	지 역	기존가구	신축예정
가양아파트	강서 가양동	72	124
건우 · 예원	강서 방화동		228
개봉3동2차	구로 개봉동	70	216
거북맨션	노원 월계동	102	299
세인아파트	도봉 창동	130	219
약수아파트	동작 상도동	118	178
대방시범아파트	동작 대방동	120	167
가락주공원호	송파 가락동	200	208
왕실아파트	양천 신월동	120	200
한강연합	양천 신월동	79	236
한성, 강서연립	양천 신월동	80	182
한남아파트	은평 구산동	110	196
우성아파트	중랑 묵동	178	205

절대로 손해 안보고 내 집 마련으로 재테크하는 기술

06 재건축, 차별화된 전략이 요구된다

서울 등 수도권에서 가장 안정성 있는 부동산 상품은 무엇일까. 얼마 전만 하더라도 주저 않고 재건축아파트를 꼽았다. 하지만, 지금은 투자환경 변화, 규제 강화, 세무조사 등으로 만신창이가 된 듯싶다. 선수는 그래도 틈새를 찾아 내고야 만다.

2001년은 부동산에 관심 있는 모든 사람들에게 잊지 못할 기억을 남겼던 한해가 될 것이 분명하다. 1990년 이후 최고의 주택 가격 상승률을 보였으며, 정신차릴 수 없을 만큼의 제도적 변화를 겪었기 때문이다.

아파트를 중심으로 지속되었던 주택 가격 상승세는 2002년도 유동성 장세에 마땅한 대체 투자처를 찾지 못하고 있던 투자자들의 자금이 연이어 부동산시장으로 유입되면서 강남 재건축아파트를 중심으로 과열 양상을 빚어 크게 요동치는 모습을 보였다.

통제 불능 상태의 부동산시장에 따른 언론, 국민의 압력에 시달리던 정부는 급기야 1차 주택시장 안정대책(2002.1.8)을 내놓은 데 이어 추가적으로 여러 차례에 달하는 주택시장 안정대책을 숨가쁘게 시장에 던졌다. 청약 자격과 분양권 전매를 제한했고, 투기거래자를 중심으로 한 세무조사를 강화, 주택관련 세금 대폭 인상 및 재건축 요건 등을 강화했다.

안정적이면서 상당한 투자수익을 창출했던 재건축아파트 시장은 부동산 가격 폭등을 주도했다는 미운털이 박혀 연말로 가면서 재건축 요건 강화 등 집중적인 견제를 받으면서 기투자자에게는 견딜 수 없는 불안감을 주었고, 투자를 계획하고 있던 사람들에게는 되돌아볼 필요가 없는 상품으로까지 폄하되었다.

현장에서 생각하는 투자 종목은 그래도 '재건축아파트'다

부동산 정보제공업체인 스피드뱅크는 부동산 현장에서 시장 상황을 누구보다 체감하고 있는 일선 중개업소를 통한 설문조사 결과 잇단 규제에도 불구하고 '재건축아파트'를 투자 1순위로 추천했다고 한다.

투자시기와 투자지역에 따른 차이는 있어도 재건축아파트는 대부분 생활 인프라가 잘 갖춰져 있는 도심에 입지하고 있다는 점, 주택경기가 불투명하더라도 안정적인 수요 기반을 가진 주택이라는 점, 많은 수요기반을 가지고 있어 환금성을 보완할 수 있는 상품이라는 점에서 실수요자나 투자자나 공통적으로 관심을 가질 것으로 보여지기 때문이다.

2003년 재건축아파트 투자환경은 어떨까

　부동산시장만큼 객관적인 기준이나 근거 없이 투자 대세를 순식간에 형성하는 상품도 없을 것이다. 주식시장, 은행상품처럼 객관적인 비교가 가능해 투자 성향에 따른 상품 선택을 할 수 없다는 점이다. 결국 2003년 부동산시장 역시 단순한 몇 가지 경제 지표로 정리하기에는 많은 부담이 따른다는 얘기다.

　부동산 투자환경을 구성하는 몇 가지 기준들이 있다. 정부의 부동산 운용 정책, 금리 동향 및 대출 정책, 장단기 경제지표, 국내외 정치적 돌발변수, 투자자의 심리적 선택 요인 등 다양하다. 이런 환경적 기준들이 때론 복합적으로 때론 한가지 사실만으로도 부동산시장에 미치는 파급효과는 실로 한정 없다.

　2003년도에 정부가 펼칠 부동산 정책 최대의 쟁점은 '행정수도 이전'이라고 할 수 있다. 행정수도 이전이 사실상 새로운 대통령 임기 내 끝날 수 있는 것이라고 보지는 않는다. 더욱이 인위적인 수도 이전에 따른 후폭풍은 아직 아무도 알 수 없다. 다만, 그로 인해 투자 중심축이 변동될 가능성이 있다는 사실이다. 지역적으로 서울 및 수도권 지역에서 충청권을 중심으로 한 다핵적인 투자 라인을 형성할 것이 분명하다.

　투자상품으로 볼 때는 조금 다를 수 있다. 투자 대상지역이 다핵화된다고 해서 투자수익률, 투자 안정성으로 결정되는 투자 기준에 일순간 큰 변화가 올 것으로는 보지 않는다. 특히 실수요자를 중심으로 한 시장에서는 더 많은 투자이익보다는 투자에 따른 안정성이 중요하기 때문이다.

다시 말하면 서울 및 수도권에서 집중적인 투자우선 상품으로 선호되는 재건축아파트, 신규 분양 아파트, 수익성 토지 등은 지역적인 분산을 전제로 지속적으로 투자자에게 매력 있는 상품으로 자리잡을 것으로 예상된다.

다만, 나타난 재료가 시세에 이미 충분히 반영된 서울 지역보다는 수도권 지역을 중심으로 행정수도 후보지로 거론되는 충청권 고속철도 연계 지역이 투자의 큰 축을 형성할 것으로 예상된다.

따라서 2004년 4월 1차로 개통되는 경부고속철도의 출발역인 서울, 용산, 광명, 부산역 일대와 중간역인 아산역(천안역), 대전역, 대구역, 경주역 일대의 재건축대상 아파트에 관심을 가질 만하다.

 절대로 손해 안보고 내 집 마련으로 재테크하는 기술

재건축, 투자 체크 포인트는 이것

수도권에서 재건축 사업승인이 잇따르고 있다. 대체로 각 지역에서 가장 대표적인 아파트 단지로 변신할 가능성이 매우 높은 곳들이다. 재건축아파트가 가지는 투자 매력은 분명 있다. 하지만 짚을 것은 분명 짚고 넘어가야 한다.

실수요자는 일과적인 재료 출현에 동요하지 말라

강동 지역의 대표적인 재건축아파트인 둔촌동 주공아파트의 경우 대림산업, 롯데건설, 삼성건설, SK건설 컨소시엄이 주민총회(2002.11.22)를 통해서 시공사로 선정되었다는 재료만으로도 전혀 움직일 것 같지 않았던 얼어붙은 경기에도 불구하고 1천만원~2천만원 정도 시세 변동이 있다고 한다.

둔촌 주공아파트가 가지고 있는 주거단지로서의 매력은 많지만 성공적인 재건축으로 가기 위해서는 구조안전진단, 조합설립인가 등 산적한 행정적 처리 과정이 많이 남아 있다는 것을 간과해서는 안된다.

가뜩이나 투자 재료에 목말라 있는 성급한 투자자들이 움직인다고 해서 소액 투자자나 실수요자들은 부화뇌동해서는 안될 일이다.

투자자, 재건축아파트만 능사가 아니다

투자 목적으로 재건축아파트에 관심이 있다면 안정된 자본수익과 임대수익을 동시에 누릴 수 있는 리모델링이 가능한 역세권 아파트에 주목할 필요가 있다.

얼마 전 삼성물산 건설부문은 건립된 지 25년 된 강남의 아파트 단지에 지하주차장을 새로 만들어 주차난을 해소하는 방식의 리모델링을 수주했다고 밝혔다. 강남구 신사동 삼지아파트의 개보수(리모델링) 사업이다.

이번 토탈 리모델링은 단지 아파트의 평형 확대와 외관변경뿐 아니라 지하주차장의 신설이 포함된 것이 특징으로 리모델링 건축비용은 평당 290만원으로 가구당 9,600만원 가량을 부담하게 되지만, 재건축한 인근지역 아파트 못지 않은 가격 상승을 기대하고 있다.

이러한 토탈 리모델링방식으로 사업을 추진중인 곳은 삼지아파트 외에도 압구정 현대5차아파트(71, 72동), 서초동 한양아파트, 이촌동 리버뷰맨션, 명일동 삼익가든1차아파트 등이 있다.

투자자는 수도권 재건축아파트에 주목하라

수도권 재건축아파트는 개발재료가 시세에 충분히 반영된 서울지역 재건축아파트와 달리 추가 가격 상승을 기대할 수 있기 때문에 관심을 가질 만하다.

다만, 수원, 인천, 광명 등 지역에 따라 사업추진 현황이나 관심도에 따라 가격 차별화 현상을 보이고 있어 현장 답사를 전제로 가격추이 분석, 투자 자금 확보 및 투자 시점 등을 필수적으로 고려해야 한다.

과천시 원문동 주공3단지, 수원시 신매탄 주공2단지, 매탄 주공, 화서 주공 등 대규모 주공아파트 단지, 인천시 구월동 구월 주공, 광명시 철산 주공단지, 의왕시 대우사원아파트 등이 해당된다.

신뢰할 만한 재건축 컨설팅업체가 낀 아파트를 선택하라

이제까지 재건축 사업은 난립한 시행대행 컨설팅회사가 주도하여 투명성, 진행능력 등에 많은 문제가 야기되면서 사업이 지연되기 일쑤였다. 따라서 신뢰할 만한 재건축 컨설팅업체가 사업을 주도하는 아파트를 선택한다면 사업지연에 따른 금융비용, 원가절감 등에서 추가적인 이익을 기대할 수 있다.

일례로 현재 서울 송파구 잠실저밀도지구 주공2단지, 강남구 청담 · 도곡지구 영동차관, 강동구 고덕지구 시영 등 굵직굵직한 재건축아파트들을 컨설팅하고 있는 감정원 재건축사업단은 나름대로 상당한 원가절감과 사업추진 기간을 단축시키고 있다.

특히 2002년 3월 고덕 시영의 시공사를 선정했을 때엔 주택업체들의 담합을 막아 평당 건축비를 40만원 낮춤으로써 조합에 750억원에 이르는 비용절감 효과를 안겨 준 사례 등을 눈여겨봐야 한다.

실수요자, 안정적인 투자시점 선택에 유의하라

통상 재건축 절차는 추진위원회 구성 → 재건축 결의 → 안전진단 → 창립총회 → 조합설립 인가 → 시공사 선정 → 사업계획 승인 → 관리처분계획 인가 → 이주 및 철거 → 착공 → 사용검사 및 입주 → 조합 해산 및 청산 순으로 진행된다.

재건축에 투자할 경우 사업의 진행 정도에 따라 매매 가격이 급변하기 때문에 자금 여력, 기대 이익 정도에 따라 매수 타이밍을 정해야 한다. 통상 재건축아파트는 시공사 선정, 조합설립, 사업승인을 전후해 가격이 가장 많이 오르는 투자 패턴을 보여 왔다.

하지만 실수요자의 경우 투자에 따른 한번 실패는 돌이킬 수 없는 기회비용 손실을 피할 수 없다. 물론 시공사 선정, 안전진단 통과, 조합설립 인가 등 보다 많은 투자 이익을 기대할 수 있는 때가 있기는 하다. 그러나 인근 중개업소에서는 중개에 따른 수수료만을 기대할 뿐 투자자의 사정은 뒷전이다. 따라서 실수요자는 내가 살 집을 고른다는 생각으로 투자에 따른 자금 계획을 확정적으로 정할 수 있는 시점인 관리처분계획 인가 시점을 권하고 싶다.

추가 부담금이 확정되지 않은 상태에서 막연한 환상을 가지는 것은 금물이다. 통상 중개업소에서는 재건축 시공사 선정 또는 사업승인 신청 당시 건설사가 제시하는 가격을 근거로 부담금을 제시하지만 관리처분계획 인가시 분양 가격과 조합원권리가액이 크게 달라지는 경우가 많기 때문에 유의해야 한다.

실제로 강남 도곡주공1차 재건축아파트 사업의 경우 중개업소가 투자자에게 재시했던 조합원 부담금은 1억 7700만원~4억 8800만원 정도였다. 하지만 재건축 사업주체인 조합이 예정하고 있는 2억원~7억 2000만원과는 상당한 차이가 있는 것으로 인근 중개업소 말만 믿고 투자할 경우 예상치 못 하는 자금 부담과 투자에 따른 기회비용을 상실할 수 있다는 것을 간과해서는 안 된다.

[표 4-3] 2003년 분양 예정 재건축아파트

위　치	시공사	평　형	가구수
서초 방배	롯데건설	30~60	337(180)
서초 서초연합	〃	32~45	132(36)
강남 청담	〃	35~66	121(40)
강남 역삼	삼성건설	25~34	1050
송파 잠실	삼성·LG	26~50	2,678(536)
서초 반포	LG건설	42~58	442(70)
서초 서초	〃	42~61	84(44)
강서 화곡	현대·현산·한진	24~47	2,198(255)
강남 도곡	현대·쌍용·LG	26~68	3,002(552)

※ 괄호 안은 일반분양 가구수

08 조합아파트, 어떻게 골라야 하나

조합아파트를 알면 내 집 마련이 좀더 가까워질 수 있다. 하지만 신문에서 보니 불안한 면이 많이 있다고 한다. 평생 모은 재산을 불안한 곳에 쓸 수는 없는 일. 조합아파트가 가지는 장점, 단점은 무엇인가.

2002년 부동산 가격 폭등에 놀란 가슴을 진정한 실수요자들이 좀더 알차고 경제적인 내 집 마련에 대한 관심이 부쩍 높아졌다. 더 이상 내 집 마련을 미룰 수 없기 때문이다. 하지만 오른 분양가가 만만치 않다. 지금 사면 너무 많이 주고 사는 것이 아니가 하는 의구심이 절로 든다. 그래서 서민들의 내 집 마련 대안으로 조합아파트가 많은 관심을 끌고 있다.

조합아파트는 건설업체가 직접 토지를 매입하여 공사하는 일반 분양 아파트와는 달리 아파트를 구입하고자 하는 수요자들이 조합을 구성하여 자체적으로 건설하는 아파트를 말한다. 조합아파트의 가장 큰 메리트는 청약통장 없이 아파트를 마련할 수 있고 일반적으로 분양가가 싸다는 점이다. 그래서 분양가 자율화 시대 수요자들의 관심 대상이 되고 있다. 더구나 조합원 자격 등 조합아파트 관련 규제 등이 대폭 완화되면서 일반 수요자들이 조합아파트에 가입하기가 쉬워져 수요자들이 꾸준히 늘어나는 추세이다.

하지만 조합아파트도 이러한 장점만 가지고 있는 것이 아니어서 추가 부담금이 발생할 가능성이 있고 공사 시기가 지연되는 등 문제가 많다. 특히 조합원들이 건설대금을 횡령하는 등 한때는 커다란 사회적 문제로 인식되었다. 그러나 대형건설업체들이 좋은 위치에서 확정분양가로 조합원을 모집하고 책임시공에 나서면서 예전과 같은 조합주택의 문제점들이 많이 줄어들었다.

여러가지 상황들이 개선되어 조합주택의 단점이 많이 줄어들긴 하였지만 아직 장점보다는 단점이 많고 일반분양 아파트보다는 불안한 것이 사실이다. 수요자들로서는 조합주택의 옥석을 고르는 눈을 키우는 것이 중요하다.

조합아파트, 바뀐 제도를 기억해야 한다

그 동안 조합주택은 편법 분양, 투기 수단화, 시공사 부도 및 사업지연 등 서민이 대부분인 조합원들에게 많은 피해를 주는 문제점을 가지고 있었다. 하지만 건설교통부는 주택건설촉진법 시행령 및 시행규칙 개정에 따라 조합주택 설립요건 강화, 시공보증제도 등 실수요자를 보호하는 방향으로 조합주택제도를 변경하였다.

(1) 해당 지자체서 사업예정지를 미리 검토한다

조합설립 인가권자가 사업예정지에 대한 토지사용 승락서 제출 요구가 가능하고, 부지가 조합주택 건설에 적합한지 여부를 확인할 수 있게 했다. 검토 결과 사업예정지가 부적합한 경우 조합주택 설립 인가를 반려할 수도 있다. 군사보호구역 등 도저히 아파트를 건립할 수 없는 지역에서 조합주택을 건립한다며 조합원을 모집하는 사례를 방지하기 위해서이다.

(2) 1개 사업지, 1개 조합 원칙

조합주택 사업부지가 대규모인 경우 직장조합, 지역조합 등이 혼재돼 사업을 추진하는 것이 일반적인데 여러 개의 조합들이 사업을 추진하면서 자연히 조합간의 마찰이 빚어지고 사업주체의 불분명성 등으로 인하여 사업이 지연되는 경우가 빈발했다. 이 같은 문제점을 차단하기 위해 인가 신청 주택조합의 사업예정부지가 다른 주택조합의 사업부지와 중복될 수 없도록 했다.

(3) 해당 지역 6개월 이상 거주해야 한다

지역 주택조합의 조합원은 인가 신청일 현재 해당 지역에 6개월 이상 거주한 자로 제한키로 했다. 이는 조합아파트를 투기 목적으로 분양받는 사례를 차단하기 위한 방편이다. 그러나 주택건설촉진법상 해당지역의 기준이 '거주지역과 인접한 시, 군, 구'로 넓게 규정돼 있어 실효성은 의문이다. 현행 기준상 서울 거주자는 안양, 성남, 부천, 고양 등 서울과 접해 있는 지역의 주택조합 조합원 자격을 얻을 수 있다.

 절대로 손해 안보고 내 집 마련으로 재테크하는 기술

(4) 시공사, 조합의 책임 강화

조합주택 업무의 대행을 인정하지 않던 것을 공동사업주체인 시공사가 조합과 약정을 체결하는 경우 조합 업무를 대행할 수 있도록 하고 이 공동사업자의 조합원에게 손해를 끼친 경우 손해배상 책임을 지도록 했다.

(5) 시공보증제도 도입

조합주택의 시공사가 부도가 난 경우 아파트 분양보증 업무를 맡고 있는 대한주택보증이 대신 완공토록 하는 '시공보증제도'를 도입하며, 조합 운영비 사용을 둘러싼 비리를 방지하기 위해 주택조합은 조합비 사용내역을 의무적으로 공개하고 조합원에게 통보해야 한다.

조합아파트가 가지는 장점과 단점은

조합아파트를 수요자들이 선호하는 가장 큰 이유 중의 하나는 분양가가 저렴하다는 점이다. 일반적으로 인근 아파트 시세보다 10~20% 정도 싼 편이다. 또 하나의 장점은 절차가 간편하다는 사실이다. 청약통장으로 일반 아파트를 분양받기 위해서는 2년이라는 기간을 기다려야 1순위가 되고 또 높은 경쟁률을 뚫어야 내 집 마련을 할 수 있는 반면 조합아파트는 업무추진비만 납부하면 조합원 자격을 얻을 수 있다.

이러한 장점에도 불구하고 우리가 조합아파트를 신뢰하지 못하는 것은 단점이 더 많기 때문이다. 가장 큰 단점은 장점과 반대되는 이야기인데 겉으로 보이는 분양가보다 추가되는 금액이 많아 결코 싸지 않다는 점이다.

쉽게 말하자면 조합아파트는 아파트 건설과 관련된 비용을 모두 조합이 처리하는 것이 원칙이다. 따라서 예기치 못한 문제들이 발생하여 건설비가 늘어나면 분양가가 늘어나기 쉽다.

추가 부담금이 생기는 경우는 토지 매입에 다른 추가 부담이 필요할 경우가 있고 사업 승인이 늦게 날 경우에는 공사 기간이 늘어나 금융 비용이 추가된다. 일반적으로 조합아파트의 사업 기간은 일반 아파트보다 1~2년 길기 때문에 금융 비용이 큰 부담이 된다. 그밖에도 사업 승인 과정에서 용적률이 축소되면 가구수가 줄어들어 조합원 부담이 늘어날 수 있다. 즉 모든 단계별로 건축비 상승 요인이 상존하기 때문에 입주 완료하기까지는 안심할 수 없다.

이러한 건설비 추가부담이 조합아파트의 가장 큰 단점으로 인식되자 건설업체에서도 확정분양가로 아파트를 공급하고 있지만 원칙적으로 책임은 조합이 지는 것이므로 100% 신뢰할 수는 없다.

그리고 요즘에는 많이 줄어들었지만 분양면적을 부풀리는 경우가 많았다. 광고를 볼 때 35~38평형이어서 직접 확인해 보면 실제로는 전용면적이 일반분양 아파트의 32~33평형과 비슷한 경우가 적지 않았다. 즉 주차장 등 공유면적을 늘리고 분양평형을 늘려서 가격이 싸게 보이도록 하는 경우가 있었다.

조합아파트, 어떻게 골라야 할까

이렇게 조합아파트의 장, 단점을 분석해 보니 조합아파트가 불안하고 위험한 대상으로 인식되는 것 같지만 실제 문제되는 경우는 그리 많지 않다. 특히 요즘에는 많은 수요자들이 조합아파트로 싸고 안전하게 내 집 마련을 하고 있어 서민들로서도 내 집 마련의 한 방법으로 고려해 볼 만하다. 위에서 언급한 몇 가지 사항을 주의하면서 다음과 같은 원칙을 지키면 조합아파트도 보석이 될 수 있다.

(1) 주택조합의 안정성을 잘 살펴본다

조합장이 청렴한가, 조합 내부의 문제점은 없는가, 자금은 건설회사가 관리하는가 등을 알아보는 것이 좋다.

(2) 부지 매입의 이상이 없는지 확인한다

사업부지를 매입 완료했는지, 사업부지가 아파트를 건설하는데 용도지역이나 건축 규모의 제한이 있는지 등의 여부를 살펴 보아야 한다.

(3) 확정분양가인지 확인한다

문서상으로 확정분양가인지 확인하고 분양가가 주변 시세보다 20% 정도 싼 곳을 선택해야 한다.

(4) 대형 건설업체가 시공사인지 확인한다

시공사가 안정성이 높은 건설업체일수록 부도 염려가 적고 사업 지연 등의 문제 발생이 적다.

(5) 분양면적을 잘 살펴본다

광고상의 분양면적보다는 실제 전용면적이 얼마나 되는지 살펴본다.

(6) 사업 기간이 짧을수록 좋다

최대 3년을 넘지 않아야 좋다.

절대로 손해 안보고 내 집 마련으로 재테크하는 기술

09 주상복합아파트, 투자해도 되나

2002년 부동산 히트 상품 NO.1 주상복합아파트. 당첨만 되면 수천만원대의 프리미엄을 형성하며, 부동산 투자 열풍을 주도했던 주상복합아파트가 과연 2003년에도 부동산시장 활성화에 효자 종목이 될 수 있을까.

현대건설이 2002년 11월 서울 양천구 목동에 분양한 하이페리온Ⅱ에는 4만5000여 명이 신청했고, 이에 앞서 롯데건설이 서울 송파구 신천동에 내놓은 롯데 캐슬골드에도 13만여 명이 몰려 청약증거금만 1조원을 넘은 것으로 집계되었다고 한다. 가히 주상복합아파트의 인기를 느낄 만하다.

하지만 2003년 들어 주상복합아파트 인기가 예전 같지는 않다. 올해 들어 입주물량이 증가하면서 특정 지역을 제외하고는 신규 공급에 대한 반응이 그리 신통치 않다. 고급 아파트로서 대형 평형으로 구성된 주상복합아파트의 실체가 서서히 드러나고 있어서가 아닐까 싶다.

　최근 입주한 도곡동 ○○주상복합 아파트의 경우가 그렇다. 입주시까지 최고의 프리미엄을 구가하던 아파트였지만, 입주 후 얼마 지나지 않아 거기서 떠나려고 하는 사람이 생기고 있다. 소문 없이 중개업소에 매물을 내놓은 사람들이 늘어나고 있다고 인근 중개업소는 전언하고 있다. 그 이유는 아파트 내에서는 최첨단 전자장치로 편리하게 생활하기는 하지만 답답하고, 여유가 없어서라고 한다. 지하주차장에서 지상으로 나오는 데만 30여 분씩 소요된다고 한다. 오죽하면 지하주차장에서 지상주차장까지 차를 이동시켜 주는 신종 아르바이트가 생겼다고 한다.

　그렇다고 주상복합이 아주 죽은 것은 아니다. 주상복합은 서울 지역을 대신할 수 있는 지방에서 새로운 주거형태로 나름대로 많은 관심을 끌고 있다.

지방 주상복합아파트…… 투자 가치는 어떨까?

　SK건설이 부산 광안동에서 분양한 'SK뷰'는 329가구 분양에 4000여 명이 몰려 평균경쟁률 12대 1을 기록했으며, 대구 지역에서도 2002년말 코오롱건설이 수성구 범어동에 공급한 '코오롱 하늘채 수(秀)'는 215가구에 7000여 명이 몰려 경쟁률 32대 1을 보였다고 한다.

　외관상으로는 2002년 서울, 수도권에서의 부동산 투자 열풍이 지방으로 옮겨져 다시 한번 각광을 받고 있는 것으로 비쳐질 수 있

　절대로 손해 안보고 내 집 마련으로 재테크하는 기술

다. 2003년에도 건설업체들이 앞다퉈 지방에 주상복합아파트 분양계획을 세우고 있다는 데 과연 서울에서의 열기가 쉽게 이어질 수 있을지 지켜보는 수밖에 없다.

좀더 속내를 들여다 보면 사정이 그리 좋아 보이지만 않는다. 서울 지역과 다른 양상이 보이기 때문이다. 통상 주상복합아파트의 투자 열기를 좌우하는 것은 든든한 자금력을 갖춘 투자군단의 관심을 얻는 것이지만 지방에서 분양되는 주상복합아파트는 그렇지 못하다. 그만큼 투자에 대한 판단의 근거가 약하기 때문이다. 결과적으로 외관상 성공적인 청약을 달성했지만 실제 계약률은 저조해 '속빈 강정'이 되는 경우가 적지 않다.

강남구 논현동에 사는 양경미(32) 씨의 사례를 보자. 양씨는 2002년 말 회사에 동료와 함께 출근해 배달된 신문에 끼워져 온 분양 전단지를 우연히 보게 되었다. 회사 바로 앞에 모건설회사 주상복합아파트를 분양한다는 것이었다.

나름대로 부동산에 관심이 많았던 양씨는 친구와 함께 분양 사무실에 들렀다가 주상복합아파트의 프리미엄에 대해 집중적으로 설명하던 직원의 말에 이끌려 '덜컥' 계약을 하였다. 그래도 2002년까지는 별로 걱정을 하지 않았다. 분양권 전매를 하지 않겠느냐는 중개업소의 전화가 와도 사실 시큰둥하게 반응했던 것이 사실이다.

대선이 치러지고 난 뒤 부동산시장이 급하게 냉각되기 시작했다. 말 그대로 냉각이었다. 입주시점이 되면 전세를 주면 되겠지 생각했던 양씨는 가끔씩 오던 중개업소 전화가 그리워지기까지 했다. 결국 인근 중개업소를 한번 둘러본 뒤 극도의 허탈감을 지울 수 없었다.

"요즈음 주상복합아파트는 급매물로 내놓아도 문의 자체가 없어요. ○○○호는 얼마 전 프리미엄은 고사하고 분양 가격보다 5천만원 싸게 넘겼다고 합디다. 혹시 파실 의향이 있으면 매수자가 제시하는 금액대로 팔아드리지요."

가끔 통화하던 중개업자 송사장의 말이었다. 2002년 부동산 활황 분위기가 불과 몇 개월 사이에 이렇게 변할 것이라고 생각이나 했던가. 양씨는 대출받은 4억여 원의 이자에다가, 등기할 수 있는 시기는 다가오고, 팔 수 있는 방법은 없어 이래저래 고민을 거듭하고 있다.

고가 부동산 상품인 주상복합아파트를 통해 투자수익을 올리기 위해서는 우선 자금 여력이 있어야 가능하다. 프리미엄을 유지하려면 버틸 수 있는 '힘'이 필요하기 때문이다. 주상복합아파트가 사실상 기존 아파트를 대체할 수 있는지 여부는 둘째로 하더라도, 환금성, 대체수요 창출 등에 한정된 수요층을 가지고 있어서 필요할 때 처분하거나 분양권 전매를 하는 것이 그리 여의치 않을 수 있기 때문이다. 최악의 경우 '그냥 보유하겠다'고 생각할 수 있는 여유가 필요하다.

주상복합아파트 투자시 유의할 점은?

(1) 효용격차에 따른 투자감도는 매우 크다

주상복합아파트는 대체로 상업지역, 준주거지역에 입지하기 때문에 당첨되는 층, 향, 동에 따라 기대할 수 있는 시세차익의 폭이 매우 다양하다. 청약 후 당첨이 되었다고 하더라도 저층부, 특별한 장점이 없는 북향 등의 아파트라면 과감히 청약금을 포기할 수도 있어야 한다. 특히, 지방에서 분양하는 주상복합아파트의 경우에는 더욱 그렇다.

(2) 적정한 분양 가격인지 꼼꼼히 따져봐야 한다

주상복합아파트는 일반분양 아파트보다 분양가가 대체로 높은 편이다. 어쩌면 땅값 자체가 일반 아파트가 들어서는 일반주거지역보다 높은 상업지역, 준주거지역 등에 입지하기 때문에 원가적으로 부담을 가질 수밖에 없다.

하층부에 상가가 입지하기 때문에 편리하다고 생각할 수 있지만 사실상 주거의 쾌적성은 그만큼 양보해야 한다. 주상복합아파트는 분양가가 높은 만큼 투자 목적으로 구입한 사람은 향후 주변 지역의 임대 가능성, 경쟁상품의 출현, 향후 경기전망 등을 감안해 목표한 임대수익을 달성할 수 있을지 꼼꼼히 계산해 보아야 한다.

(3) 교육, 교통, 환경 등 입지 여건이 가치를 좌우한다

주택건설촉진법의 적용을 받는 아파트 분양의 경우 아파트 주민들이 필요로 하는 주요 기반시설(학교, 각종 편익시설 등)이 사전에 최소한 이상으로 갖추어져야만 사업을 할 수 있다. 그러나 주상복합아파트의 경우 건축허가를 받아 사업을 진행하기 때문에 주거생활의 필요적 요소를 충분히 갖추지 못한 상태에서 분양하는 경우가 있다는 사실을 알아두어야 한다.

통상 주상복합아파트의 경우 도시 중심부에 위치하고 있어 교통 등의 여건은 양호하지만 생활의 쾌적성은 다소 떨어질 수 있다는 점을 염두에 두고 투자 목적인지, 실거주 목적인지를 명확히 하여 최선의 선택이 될 수 있도록 해야 한다.

10 중요한 것은 바로 '입주시 수익률'이다

오피스텔이 너무 많이 공급되고 있다. 돈이 된다고 하니 막연한 생각으로 구입을 하고 있다. 문제는 실수요자보다는 투자 목적이 많다는 것. 공급 물량이 예상 외로 많아 입주할 시점에 적당한 임대료를 지불할 수 있는 임차인을 구할 수 있을까 걱정해야 할 상황이다.

부동산시장 활황을 뒷받침하는 가장 큰 공신(?)은 다름 아닌 이동식 중개업자(일명 '떳다방')라고 해도 과언이 아니다. 실수요자를 비롯하여 소액 투자자의 판단을 조직적으로 흐리게 하고 있는 이들은 돈이 될 만한 곳이라는 판단이 서면 시간 불문, 투자금액 불문하고 현장에서 장사진을 치며 프리미엄 거품을 일으킨다.

분양업체 입장에서는 엄청난 응원세력인 이들을 배척할 이유가 없으며, 정부조차 부동산 경기 활성화를 위해서 이동식 중개업자를 용인하지 않느냐는 비난을 당하기도 하는 지경이다. 이처럼 분양 현장에서 가격 구조의 왜곡을 조장하는 떳다방의 활갯짓이 실수요자의 희생을 담보로 이루어지고 있다는 점을 투자자는 다시 한번 짚어 볼 필요가 있다고 판단된다.

'머니게임'의 당사자인 떳다방과 복부인들에게 약간의 투자 실패는 차기 투자에서 회수해야 할 기회비용의 손실일 수 있겠지만, 막바지 급한 마음에 들떠 있는 실수요자 또는 이자소득 생활자에게는 치명적일 수 있다. 바쁠수록 돌아가라는 말이 있다.

많은 오피스텔 물량이 한꺼번에 쏟아질 상황이다. 투자자는 좀 더 냉정하게 분위기에 휩쓸리지 말고 꼼꼼하게 계산기를 두드려볼 시간이다. 공급자 입장이 아닌 소액 투자자 입장에서 '오피스텔 투자수익률'이 가지는 문제점을 따져 보고, 투자시 유의할 사항을 알아본다.

투자수익률의 함정에 빠지지 말자

서울 청담동에 사는 김덕기(41) 씨는 이제껏 부동산에 대하여 투자를 한다는 것에 대하여 상당히 꺼려 왔다. 부동산에 투자하는 것은 재산을 그저 묻어 두는 것으로 생각했기 때문이다. 대신에 은행에 넣어 두면 안전하면서도 일정액의 이자가 발생했다.

하지만 최근 친구 소개로 가계 재무분석 컨설팅회사를 소개받아 현재 자신의 보유자산에 대한 최적 포트폴리오 구성에 대한 재무 컨설팅을 받고서는 자신의 투자 성향이 너무 보수적이었다는 사실을 깨달았다. 그래서 담당 컨설턴트의 권유에 따라 자산의 일부를

 절대로 손해 안보고 내 집 마련으로 재테크하는 기술

부동산에 투자하는 새로운 포트폴리오를 생각하게 되었다.

하지만 어떤 부동산 상품을 선택하느냐에 대한 고민이 뒤따랐다. 김씨는 여러 부동산 전문가의 자문을 거쳐 결국 수익형 부동산, 그 중에서도 상가 등에 비하여 비교적 관리가 쉬우면서도 매월 일정 수익(월세)을 챙길 수 있는 오피스텔에 투자하기로 마음을 먹었다. 그는 정년퇴직 후 퇴직금과 연금으로 나름대로 여생과 가족을 돌보아야 하는 이자생활자였기 때문이었다.

오피스텔에 대한 여러가지 정보를 분석해 보던 김씨는 한순간 당황했다. 그 동안 이곳 저곳 오피스텔 모델 하우스를 다니면서 들었던 예상수익률에는 많은 함정이 있다는 것을 확인하게 되었기 때문이다. 회사에서 알선하는 중도금 전액 무이자대출을 받아 초기 투자금액을 최소로 하면 투자금액 대비 상당한 수익률을 낼 수

[표 4-4] 오피스텔 분양업체에서 제시하는 일반적인 예상수익률 계산방법

구 분	금 액	비 고
분양금액	49,400,000	
계약금	4,940,000	분양금액의 10%
예상임대금	보증금:10,000,000 월세:400,000	
융자금	24,700,000	중도금 전액 무이자
실투자금액	14,700,000	분양금액-보증금-융자금
입주후 월수익	293,000	월세수입-월 대출이자=400,000-107,000 ＊월 대출이자=융자금×금리(5.2%)/12개월
연수익	3,516,000	월수익×12개월
연수익률	24%	(연수입/실투자금액)×100%

있다는 분양업체의 환금성은 사실이 아닌 듯했다. 좀더 냉정하게 따져 볼 필요가 있다는 사실을 알았다.

투자수익률 분석시 무엇을 유의해야 하나

김씨는 오피스텔 분양업체에서 제시하는 예상수익률에 대하여 전문가와 함께 검토한 결과 다음과 같은 내용에 유의해야 할 것이라는 조언을 들었다.

(1) 중도금 전액 무이자는 그저 달콤한 유혹일 수 있다

일반적으로 오피스텔 분양시 중도금은 계약금과 잔금의 비율에 따라 분양가의 50%~70%에 해당되며, 분양가 대비 중도금 융자비율에 따라 투자수익률은 오르내리게 된다. 융자 비율이 커질수록 실투자금액이 줄어 수익률은 커지기 때문이다. 예를 들면, 융자금의 비중이 50%일 때 앞의 [표]에서와 같이 실투자금액 대비 수익률은 24%이지만, 융자금의 비중이 70%일 경우 외관상 수익률은 정상적이라고 보기 힘들 만큼 왜곡된 수치가 나올 수 있다.

오피스텔을 파는 사람 입장에서는 실투자금액의 비율을 낮춰 높은 수익률로 수요자를 현혹하기 때문으로 수요자 입장에서는 반드시 구입을 원하는 지역에 대한 사전 조사가 요구된다. 임대 수요는 충분한지, 월세 비율은 얼마인지, 수요는 지속적인지, 향후 금리의 동향은 어떨지, 대출금에 대한 이자상환 계획 등에 대하여 구체적으로 대안과 대책을 세워 보아야만 낭패를 보지 않는다.

 절대로 손해 안보고 내 집 마련으로 재테크하는 기술

(2) 보이지 않는 비용에 주목하여야 한다

아무리 실투자금액이 적다고 하더라도 계약금은 내야 한다. 계약금이나 잔금은 바로 임대가 되지 않는다고 전제할 경우 임대하기 전까지는 선투입 비용으로 이에 따른 투자기간대비 금융이자가 비용으로 발생한다는 사실을 감안하여 산출된 수익률에서 마이너스 요인으로 감안하여 평가해야 한다.

설령 임대가 공사 준공 즉시 이루어진다고 해도 오피스텔 분양가와는 별도로 적지 않은 부대비용이 발생한다는 사실을 감안하여 투자해야 한다. 예를 들면, 중개수수료, 세무사 수수료, 소모품 교체비용, 종합토지세 또는 재산세 등이 바로 그것이다.

(3) 월세에 대한 이자율이 투자수익률의 기준이다

통상 오피스텔 분양업체나 중개업소에서 적용하는 월세율은 다소 과장되어 있다고 보아야 한다. 월 2%로 월세 이자율을 연간 24%로 제시하는 경우도 있으나 현실적으로는 많이 받아야 12%~18%가 대부분이라는 사실을 기억해야 한다. 분양받을 오피스텔이 입지하고 있는 지역의 현실적인 월세 이자율을 감안하여 수익률을 분석해야만 올바른 분석이다. 실투자금액과 더불어 예상 임대수익의 주요 변수인 월세 이자율이 오피스텔 상품에 대한 투자선택시 감안해야 할 'x축과 y축'인 셈이다.

따라서 투자자는 해당 오피스텔이 위치한 지역에 대한 보증금, 월세에 대한 분석을 해 볼 필요가 있으며, 더 나아가서는 계약시가 아닌 입주시의 월세에 대한 이자율을 감안한 투자수익률을 따져 볼 필요가 있다

'포화 상태' 오피스텔······ 이것만큼은 확인하고 산다

오피스텔은 이제 '맛'이 갔다. 신규 분양시장에서 고전하고 있는 오피스텔이 입주물량 급증으로 투자수익률이 떨어질 것이란 우려가 확산되면서 기존 오피스텔 매매가마저도 하락세를 이어가고 있다. 오피스텔······ 사야 하나, 말아야 하나.

분양면적 NO, 이제는 전용면적을 비교해야 한다

분양 현장에서 상담을 하다 보면 전용면적 개념으로 분양 가격에 접근하는 투자자가 이제 심심치 않게 보인다. 통상적으로 오피스텔 분양 가격이 도심에 위치하면서도 아파트 등에 비하여 표면적인 분양 가격이 저렴한(?) 이유 중의 하나는 바로 전용면적율이 낮기 때문이다.

절대로 손해 안보고 내 집 마련으로 재테크하는 기술

최근 복충형 오피스텔 등 전용률을 높인 오피스텔이 대거 시장에 나오고 있기는 하지만 대개의 경우 오피스텔 전용면적률은 약 50% 내외로 일반 아파트 전용면적률인 80~85% 수준임을 감안하면 상대적으로 낮은 것이 현실이다.

하지만 이제 단순 분양면적과 분양 가격을 비교하는 투자자는 없을 것이다. 실제 전용면적당 분양 가격을 비교해 봄으로써 실질적인 투자 가치를 비교해 보는 것이 필요하다.

다만, 전용면적 고려와 동시에 간과해서는 안되는 것이 바로 주차장 면적이다. 주차장 면적은 전용면적이 아닌 공용면적으로 계약면적을 놓고 비교해 보면 주차장 면적이 커지면 전용률은 떨어지게 되고, 주차장 면적이 작아지면 전용면적은 높아지게 되어 외관상 분양 가격이 저렴해 보이는 착시현상을 느끼게 된다.

하지만 전용률이 높은 오피스텔의 경우 오피스텔 임대수요자의 중요 선택 기준인 주차댓수가 부족할 수 있다는 점을 주의해야 한다.

또한 같은 평형의 오피스텔 중 전용면적률이 높은 경우에는 입주후 임차인과 계약을 할 때 임대료를 높여 받을 수 있어 투자수익을 높일 수 있는 장점도 있다.

사전청약에 현혹되어서는 안된다

사전청약이라는 것은 청약예정자를 대상으로 일반 공개청약을 받기 전에 업체가 임의로 판매물량의 일부를 우선 판매하는 방식으로 오피스텔의 경우 주택건설촉진법상 주택공급에 관한 규칙 적용 대상이 아니므로 제한 없이 활용하고 있는 분양상의 한 방법이다.

사전청약 방식은 당초 초기 분양이 어려운 저층부의 일부를 조기에 소진할 목적으로 도입되었으나 최근에는 프리미엄의 조직적 형성과 청약률을 높이기 위한 수단으로 악용되고 있는 형편이다.

따라서 투자자의 경우 청약 거품, 프리미엄 거품에 유의하며 오피스텔 매입시기를 다소 조정할 필요도 있다. 가령, 오피스텔에 대한 공개분양이 시작되고 2~3일 정도 프리미엄이 형성되었다가 허수매입자가 빠지면서 가격은 급격히 하락하는 경우가 비일비재하다. 이는 공개청약일 즈음 사전 청약자들이 확보한 물량이 대량으로 매물시장에 유입되기 때문이다. 이처럼 단기간에 형성된 프리미엄만 보고 사전청약분을 매입한 투자자는 피해를 볼 여지가 많기 때문에 주의해야 한다.

결국 입주할 때의 임대수익률이 관건이다

최근 분양되고 있는 오피스텔의 테마는 역세권 소형 오피스텔이다. 이러한 지역에 들어서는 오피스텔을 선택하는 투자자에게 주된 관심사는 안정된 임대수익을 올리느냐 아니냐이다. 필요한 시점에 임차인을 확보할 수 있는지에 대한 검토가 필요하다.

예를 들면, 중대형보다는 소형을 선택하는 것이 좋다. 30평형대 이상 오피스텔의 경우 대체로 주거용으로 이용되기보다는 업무중심으로 활용되기 때문에 주거용 기능이 강화된 전용면적 18평(분

 절대로 손해 안보고 내 집 마련으로 재테크하는 기술

양면적 24평 내외)대의 소형 오피스텔이 보다 많은 임차수요를 가지고 있을 뿐더러 소형 평형은 가격에 대한 부담이 적기 때문에 더욱 많은 수요를 창출할 수 있다.

최근 서울시 동시분양은 물론이거니와 분양시장에서 상품을 선택하는 기준이 브랜드를 갖춘 강남의 소형 아파트라고 한다. 하지만 오피스텔의 경우 역발상을 한번 해보는 것이 필요하다. 강남의 경우 공급물량이 많아 입주시점이 다가오면 수요창출에 상당한 부담을 가질 수 있기 때문에 오히려 강남에 비하여 공급물량이 상대적으로 적으면서 도심권의 임대수요 기반을 안정적으로 갖추고 있는 강북의 역세권 소형오피스텔을 검토해 볼 만하다.

새로운 형태의 오피스텔 트렌드 상품에 관심을 가지면 더욱 안정적인 임대수익을 확보할 수 있다. 최근 한 오피스텔 분양업체의 경우 기존 오피스텔 분양과는 조금 다르게 청약자의 관심을 유도하고 있다. 한번 분양으로 끝나버리는 것이 아니라 입주자 관리, 세무 대행, 월세 수입 관리까지 일괄 관리해 주는 개념을 도입하고 있다고 한다.

투자자는 초기 투자 비용이 적은 오피스텔을 찾아라

투자 목적으로 오피스텔 상품을 검토하는 사람이 많은 편이다. 이럴 경우 초기 투자비용을 최대한 줄일 수 있도록 검토하는 것이 필요하다. 우선 직접 거주하지 않는 경우에는 가격이 상대적으로 비싼 고층보다는 저층을 선택하면 초기 부담을 조금이라도 줄일 수 있다. 일반적으로 볼 때 입주할 때에 형성되는 오피스텔의 임대금은 층수에 크게 영향을 받지 않고 형성되기 때문이다.

오피스텔에도 중도금 전액 무이자 융자를 내건 상품이 등장하고 있다. 투자자의 경우 초기 부담을 줄일 수 있어 상당히 인기를 끌고 있는 편으로 과거 중도금 무이자 융자는 아파트나 오피스텔의 미분양이 많아 업체에서 약간의 자금 부담(중도금 이자 부담)을 감수하더라도 물량을 소진하는 것이 더 이익이라는 판단하에 활용하는 일종의 수요진작책이었다.

이러한 방법은 수요자 입장에서 볼 때 융자에 따른 금융비용을 부담하지 않아도 되기 때문에 설득력 있는 분양전략으로 작용하고 있어 초기 분양율이 상당히 높은 편이었지만, 금융비용 못지 않게 오피스텔 선택의 중요 조건인 입주시의 예상 임대수요, 전용면적 대비 분양 가격, 공사 기간 등을 함께 고민하여야 후회 없는 선택이 될 수 있음을 기억해야 한다.

저금리 시대, 지렛대 효과를 적절히 활용하자

오피스텔을 선택하는 투자자의 경우 기준은 단연코 투자수익(임대수익률)이라고 볼 수 있다. 금융조달 비율을 높이게 되면 초기 투자비용이 적어 상대적으로 높은 투자수익률을 성취할 수 있다. 그러나 상대적으로 경기가 어려울 때 금리의 부담으로 인한 위험에 빠질 수 있음을 간과해서는 안된다. 이는 국제통화기금 지원체제하에서 차입에 대한 부담을 충분히 절감하였던 투자자에게는 더

  절대로 손해 안보고 내 집 마련으로 재테크하는 기술

욱더 필수적인 것이기에 지렛대 효과를 충분히 활용할 수 있는 차
입의 황금비율을 찾아야 임대수익을 충분히 올릴 수 있게 된다.

 나도 경매해서 돈 벌어 볼까나

요즘 경매는 사실상 특별한 능력이 있는 사람들의 전유물이 아니다. 모든 사람들에게 공개되어 있다. 단지, 과거 '호가제'로 경매가 집행될 때의 '불순한 루머'들이 사람들의 마음속에 남아 있기 때문에 부정적인 시각이 아직도 많이 남아 꺼려한다. 이제 시각을 달리할 필요가 있다.

자, 우리도 경매법정에 한번 가볼까요?

압구정동에 사는 오석건(38) 씨는 요즘 즐겁기 한이 없다. 한 전문가의 칼럼이 번듯한 내 집을 마련하는 결정적 단초를 제공해 주었기 때문이다. 사실 오씨는 회사 출근이 번거로워 3년 전 회사에서 가까운 곳으로 이사를 왔다. 회사가 지척에 있어 출퇴근은 한없이 편했지만, 이곳에서 전세로 살다가는 평생 내 집을 마련할 수 없을 것이라는 생각이 수도 없이 들었기 때문이다.

하지만 인터넷 '시작페이지'로 등록해 놓고 들락날락하는 부동산 재테크 홈페이지를 들어갔다가 한 부동산 전문가의 칼럼을 보게 되었다. 내용은 단순하다. 오씨가 지금껏 생각해 온 내 집 마련의 방법들 말고도 한가지 방법이 더 있다는 것을 알았다는 정도다. '경매로 집을 사면 속으로 웃을 수 있다'가 그때 읽었던 칼럼 제목이다. 혹자는 '그것도 몰랐냐'라고 한다면 어쩔 수 없는 일이지만 적어도 오씨에게는 막연한 두려움을 가졌던 경매가 훨씬 편하게 다가오게 된 계기였다.

오씨는 조금 더 안전하게 가겠다는 생각으로 접근했다. 우선 경매에 관한 재테크 도서를 한권 구입하여 숙독을 하고 난 뒤 결정을 했다. 최소한의 지식으로 전재산을 걸 수는 없다고 생각했다. 그래서 경매대행업체에게 약간의 수수료를 주더라도 최소한의 실수는 없도록 하겠다는 결정을 내렸다.

경매업체에 등록수수료를 낸 뒤 오씨는 하루가 멀다 하고 업체를 들락거리며 물건을 탐색했다. 몇 차례 경매에 참가하여 약간의 실전 경험도 한 상태다. 그러던 어느날 업체로부터 연락이 왔다. 좋은 물건이 하나 나왔다는 소식이었다. 가서 보니 다세대주택 1층이었다. 1층이라 조금 찜찜했지만 워낙 가격이 저렴했고, 회사와는 지금의 전셋집보다 더욱 가까워 좋았다. 경매입차 차순위보다 불과 5백만원 차이로 낙찰돼 기쁨은 더했다. 오씨는 이렇게 자신의 집을 마련했다. 그것도 압구정하면 떠오르는 현대아파트, 한양아파트는 아니지만 압구정역 근처에 있는 엄연한 주택을 구입하는 행운을 가지게 되었다.

경매, 어떻게 생각하고 임할 것인가

우선 경매에 대한 막연한 두려움을 버려야 한다. 어느 신문기사에서 언급되었듯이 이제 이웃집 아주머니도 경매를 통해서 웬만한 샐러리맨 연봉을 번다고 했다. 물론 100% 성공이란 있을 수 없다는 것은 인정한다. 하지만 과도한 투자금액이 아니라면, 과다한 시세차익을 기대하는 것 또한 아니라면 한번 도전할 만하다. 이제는 경매 정보도 인터넷을 통해서 필요한 부분만 골라서 활용할 수 있어 매우 편리하다. 우선 본인 스스로 경매 절차에 대해서, 권리 분석 기본 사항에 대해서 어느 정도 알아두어야만 전문가의 말을 이해할 수 있다. 적어도 관련 서적 한권쯤은 통독을 하는 것이 꼭 필요하다. 어느 정도 이론적인 준비가 되었더라도 막연한 불안감이 있다면 우선 경매대행업체를 이용해서 경매에 참가해 보는 것도 한 방법이다. 약간의 수수료를 부담할 수는 있지만 나름대로 경매의 실전을 경험해 보는 절차라고 생각하면 그리 문제될 것은 없다.

경매, 무엇을 조심해야 할 것인가

새로운 재테크 수단으로 많은 관심을 끌고 있는 경매가 그리 녹녹하지만은 않다. 아파트를 분양받는 것처럼 시키는 대로 청약서 쓰고 막연히 동호수 추첨을 기다리면 되는 것이 아니기 때문이다. 스스로 판단하고 책임을 온전히 져야 한다. 그렇다면 경매 초보자가 기억해야 할 내용은 무엇인가.

(1) 채권액이 작은 물건은 입찰보증금이 묶일 수 있다

상가건물의 경우 입찰 가격은 크지만 보증금 금액이 크고, 월세액이 크지 않을 수 있다. 이런 건물을 낙찰받았을 경우 건물 소유자가 청구인의 소송을 통해 경매절차중지가처분을 신청할 수 있다. 낙찰된 건물의 가치에 비해 채무액이 적을 경우에는 채무자가 잔금 기일 전에 채무를 변제할 수도 있다는 것을 생각해야 한다. 이렇게 되면 입찰보증금이 아무런 이자 없이 일정 기간 묶이게 될 수도 있다.

(2) 권리관계 분석이 경매의 생명이다

입찰 당시 법원의 경매물건 현황조사서에 저당권보다 빠른 임차인이 없는 것으로 확인되었다고 좋아라 입찰해서는 안 된다. 임차인이 저당권 설정일보다 먼저 전입했다고 소송을 내 승소할 경우에는 문제가 된다. 법원의 현황조사서에는 가구주인 임차인의 전입 신고일과 함께 '세대합가' 라고 기재되어 있어 실제 임차인의 전입일이 다를 수 있다는 것을 짐작할 수 있었음에도 임차인의 전입일을 추가로 확인하지 않는 실수를 저질렀다. 결과적으로 낙찰자는 임차인의 전세보증금을 부담해야 하는 최악의 상황으로 변해버렸다.

(3) 막연한 짐작으로 분위기에 휩쓸리지 말 것

마음에 드는 물건이 있다고 해서 분위기에 휩쓸려서는 실패할 수가 있다. 예를 들면, 여러 번 입찰에 참가하였지만 번번히 실패하는 경우 마음이 조급해져서 꼭 낙찰을 받겠다는 막연한 각오를

하는 사람들이 가끔씩 있다. 이럴 경우 차순위보다 너무나 많은 금
액을 써 넣어, 결과적으로 낙찰을 받았다고 하더라도 많은 금전적
기회비용을 부담하는 결과가 나올 수도 있다는 것을 기억해야 한
다.

 절대로 손해 안보고 내 집 마련으로 재테크하는 기술

새로운 정부, 투자전략을 바꿔라

'정부 정책을 알면 재테크가 보인다'

새로운 정부가 출범하였지만 현재 우리 경제의 자화상은 자못 심각한 모습이다. 여러 곳에서 위험을 알리는 경고음이 들리고 있다. 가구당 3천만원 수준까지 급증한 가계부채, 부동산 가격 하락에 따른 갑작스런 거품붕괴, 미국경제 침체와 이라크 전쟁, 물가불안 우려, 북한 핵 위기 가능성 등 모두가 예사롭지 않은 것들이다.

우리를 둘러 싼 투자환경이 급변함에 따라 기존전략을 긴급 점검할 때다. 어쩌면 사방을 둘러보아도 막막하기만 하지만, 기회는 어려울 때 온다고 했다. 투자환경을 구성하는 요소를 점검하고 나만의 투자전략을 구상해 본다.

"새 술은 새 부대에 담는다"고 했다. 과거의 단순 경험에 의존한 투자기준은 이제 과감히 수정하여야 한다. 변하지 못하면 죽는다고 했다. 새로운 기준을 세우기 위한 정보 채널을 점검하고, 투자환경이 어떻게 변하고 있는지를 알아 두어야 한다. 제대로 모르는 정보는 아예 모르는 편이 더 좋을 수도 있다. 때문에 나름대로의 정보 시스템을 구축하는 것이 필요하다.

나를 위해 준비된 정보는 없다. 정보의 수집과 활용은 별개다. 다양한 정보 채널을 가지는 것도 중요하지만 수집된 각 정보의 활용은 각자의 몫이다. 끊임없는 현장 확인은 가진 것 별로 없는 우리에게 순도 높은 성공의 가능성을 제공한다.

정부의 정책 속에 재테크 해답이 있을 수 있다

증시 격언에 '정부와 맞서지 말라'는 말이 있다. 사실 이제껏 부동산 투자환경을 결정하는 근본적인 기준은 바로 '정부의 정책 기조'라고 할 수 있다. 새로운 정부가 출범했다. 이미 많은 공약 검증, 정책 토론을 통해 공개된 새로운 정책을 정확히 알아야 앞으로 5년이 편할 수 있다.

2002년 부동산시장은 1990년 초의 부동산 활황에 견줄 만큼 기록적으로 가격이 폭등해 온 나라가 몸살을 앓아야 할 만큼 한바탕 폭풍이 휘몰아쳤다. 지속되는 저금리 기조 속에 갈 곳 잃은 시중 유동자금이 부동산시장으로 지속적으로 몰려들면서 강남의 재건축아파트, 오피스텔, 주상복합아파트, 수도권 분양권, 택지개발지구, 단지 내 상가, 토지 등 상품을 가리지 않고 전방위적인 자금 이동이 급속하게 이루어졌다. 사실상 통제불능의 상태라고 해도 무방할 정도였다.

　정부는 자고 나면 오르는 부동산시장의 이상기류를 안정시키기 위해 수차례 '당근'과 '채찍' 정책으로 부동산시장을 진정시키기 위해 무진 애를 썼다. 사실상 부동산 관련 정책은 모두 동원되었다고 보아야 할 정도였다. 결과적으로 2002년 하반기 들어 지속적인 안정대책 효과에 힘입어 점차 시장은 외관상 안정세를 유지하고 있는 것처럼 보인다.

　과거 1980년대 말 부동산 가격이 폭등한 후 외관상 시장의 안정적인 모습이 1991년부터 5년 동안 지속되었다. 물론 전반적인 국내 경기는 1993년부터 회복되는 양상이었지만 아파트 공급량 증가(신도시 입주)로 시장은 나름대로 안정세를 유지하였다. 하지만 2002년의 부동산 가격 폭등은 과거 10년 전과는 다른 상황이다. 과거에는 경기회복을 잠재울 수 있었던 신도시 입주 물량이 있었지만 지금은 그렇지 않기 때문에 1990년 초와 같은 지속적인 가격 안정세를 보일지는 유동적이다.

　최근 들어 서울 지역 전세 물량이 감소세를 보이고 있다. 이는 전세 가격이 전반적으로 큰 폭으로 하락했던 이유도 있겠지만 인근 지역 재건축아파트 사업승인도 영향을 준 것으로 보여진다. 매매시장 역시 급매물이 어느 정도 소화되고 있는 것으로 파악되고 있다.

　하지만 이러한 실물시장에서의 변화를 바로 부동산 경기 회복으로 예단할 수는 없다. 투자환경을 구성하는 많은 내외변수가 아직도 불투명하기 때문이다. 아직도 해결되지 않은 북한의 핵 문제가 경기회복의 악재로 작용할 가능성도 있기 때문이다.

　새 정부의 부동산 정책 기조는 서민 주거 안정, 강력한 부동산

　절대로 손해 안보고 내 집 마련으로 재테크하는 기술

투기억제, 성장보다는 분배 우선 등으로 요약할 수 있다. 따라서 향후 일정 기간 동안 투자심리 회복을 기대하기는 어려운 실정이다.

새 정부의 부동산 정책 기조를 파악해 두면 좋다

노무현대통령의 당선 기자회견 내용을 보자. "서민 생활 안정에 경제정책의 주안점을 두되 특히 집값 잡기에 역점을 두겠다." 대통령의 경제정책의 기반이 성장보다는 분배에 쏠려 있고, 투기 억제라는 공약이 언급되었다.

새 정부의 부동산 정책의 골격을 형성하게 될 대통령의 부동산 정책에 대한 공약을 정리해 보자. 우선 정책 방향은 서민 생활 안정을 위해 부동산 가격 안정에 주력할 것이며, 대형주택 세제 현실

[표 5-1] 노무현 대통령 선거 공약에 나타난 부동산 정책

정책 방향	서민 생활 안정 위해 부동산 가격 폭등·부동산 투기 억제
단기 시장 안정책	대형 주택 세제 현실화, 탄력세율 제도 도입
장기 시장 안정책	–서민주택 등 공급 확대(임기내 2백50만 가구 건설) –서울 강북 집중 개발
신규 공급	–공급확대보다 가수요 차단에 주력 –지역별 수급 불균형 해소에 역점
아파트 가격	소형·임대아파트 분양가 및 임대 보증금 인하
수도권 과밀 억제	행정수도 충청권 이전

화, 탄력세율 제도 도입 등을 통해 단기 시장안정을 도모할 것으로 예측된다. 장기적으로는 서민주택 공급 확대, 서울 강북 집중 개발 등을 통하여 부의 재분배를 통한 형평성 있는 정책을 유지한다고 한다.

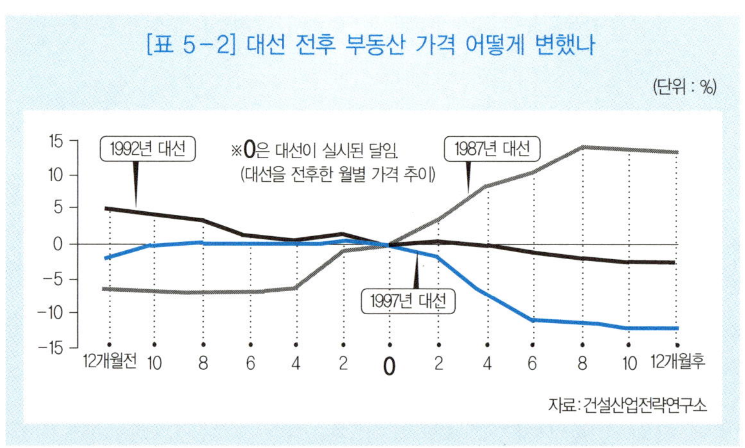

정부 정책은 참고사항일 뿐 맹신하지는 말자

정부의 경제 정책은 개인 투자자들에게 투자의 가이드 라인을 제시한다. 매일 변하는 부동산 정책, 증권 및 금융 정책, 세제 개편 등에 많은 관심을 가져야 한다. 재테크의 상당 부분은 정부 정책에 대한 정보를 수집하고 평가하며 그 배경을 따져 보아야 한다. 나아가서는 그런 결과들이 나에게 미칠 영향을 도출할 수 있어야 한다.

다만, 정책을 맹신해서는 안된다. 수집된 정책 정보를 관리해야 한다. 발표된 개발 계획, 법령 개정 사항 등에 대하여 계획대로 진행되는지, 어떤 문제 때문에 지연되는지, 시장 가격의 변화는 어떤지에 대하여 관리하여야 한다.

한 예로 얼마 전 재정경제부는 "부동산값 하락은 투기세력 등에 의해 조장된 거품이 빠지는 과정"이라며 "부동산값 하락이 내수경기에 전반적으로 좋지 않은 영향을 미치더라도 진정책이나 부양책은 동원하지 않을 것"이라고 했다. 과연 그럴지는 미지수다.

투자 감각이 남다른 부자들이 불안해하고 있다. 새 정부의 경제정책(성장보다는 분배 중심, 상속증여세 포괄주의 등)의 전반적인 불확실성 때문이다. 경제여건 변화에 따른 충격에 대한 나름대로의 대응능력이 있는 부자들까지 심적인 불안감을 떨치지 못하고 있는 지금이다. 나는 어떻게 해야 할까?

대체로 부동산시장이 약세를 면치 못하고 있다. 지칠 줄 모르던 시장의 강력한 매수세력은 이제 시장에서 찾아볼 수 없다. 시장은 가장 단순한 경제 논리도 먹히지 않고 있는 상태다. 시중에 넘쳐나는 여유자금들이 초단기 금융 또는 투신상품으로 머물러 있다. 경제 논리상 어디엔가 가장 매력있는 시장으로 좀더 나은 이익실현을 위하여 움직여야 하지만 도통 움직일 생각이 없어 보인다.

근본적인 이유는 못되겠지만 정부 정책을 신뢰할 수 없기 때문이 아닐까 싶다. 사실 작년 초까지만 하더라도 경기부양책 운운하다가 언제부터인가 강력한 투기 억제 정책 일변도의 정책으로 급선회하였다.

소형주택의무비율 부활, 주택 공급 확대 및 서민 지원 강화, 주택수요 억제 및 가수요 차단, 양도세 감면 축소 등 과거 시장을 주름잡던 정책들이 다시 등장하거나 강화되고 있다. 이는 정부 정책에 대한 일관성과 신뢰성에 심히 손상을 주는 대목이다. 결국 정부가 시장에 대해 할 수 있는 역할이 똑같은 내용의 정책들을 넣었다 뺐다 하는 식이라면 누가 정책을 신뢰하고 수요 또는 공급에 반영할 것인지 의문이 간다.

투자 자금은 한 곳에 오랫동안 그냥 머물러 있을 수는 없다. 현재 경기가 불투명하여 당장은 국내 예금보다는 상대적으로 안전성을 가진 미국 정부의 채권, 주택담보채권, 무기명채권 또는 금 등으로 자금이 움직이고 있다. 하지만 언제까지 이럴 수는 없다.

눈에 보이지는 않지만 투자자의 취향과 투자 기준에 따라 선택하는 상품이 더욱 다양해지고 있다. 일부는 다시 주식시장으로 가고, 일부는 그래도 부동산을 외치면서 틈새를 찾고 있는 모습이다. 부동산시장에서도 '부동산 턴어라운드 상품'이 주목을 받고 있다. 수익형 부동산상품이 바로 그것이다.

이제 부동산시장에서 단타 위주의 투기적 수익을 창출하기에는 다소 부담이 있어 보인다. 분양권 전매, 신규 아파트 및 오피스텔 단기적 전매차익, 재건축아파트 등은 사전분양 제한, 양도소득세 강화, 재건축 시기 및 규모 조절 등에 가로막혀 있다. 시장의 투자자들은 좀더 보수적으로 판단해야 하는 시기이다.

최근 시중금리가 오르고 있기는 하지만 아직은 투자조건으로서의 금리는 그리 부담스럽지는 않다고 보여진다. 빚을 내서 투자하는 것이 아니라 약간의 여유자금으로 투자할 사람이라면 포트폴리오 구성시 은행예금의 안정성보다는 환금성 부담에서 여유로운 수익형 부동산에 주목할 필요가 있다. 투자자들은 과거 움직이지 못하는 부동산, 필요할 때 돈으로서의 가치가 부담스러운 부동산 상품을 떠나고 있다.

 절대로 손해 안보고 내 집 마련으로 재테크하는 기술

03 부동산 정책, 그 허와 실을 따진다

집값은 전반적으로 하락세를 보이고 있고, 분양시장도 썰렁하다. 이는 비수기에다 계절적인 탓도 있겠지만 정부의 주택 정책의 즉흥적인 대응 때문이라고 할 수 있다. 부동산시장이 다소 과열된다 싶으면 대중요법적인 규제 정책을 주저 없이 시장에 내놓는다. 정책에 현혹되어서는 안 된다.

예를 들어 한국은행 총재가 전세 및 주택 매매가격 급등으로 인한 인플레이션 기대심리 유발 가능성에 유의해야 한다고 경고했다고 전제하자. 이는 정부 경제정책의 제일선에서 통화를 비롯한 경제운영의 정부 담당부서로서 현재의 경제상황과 정책적 대응에 대한 과열을 우려하여 하는 말이라고 판단된다.

하지만 서민들의 입장에서 내 집 마련에 대한 계획을 세움에 있어 이러한 정책적 기조의 경고와 우려는 그리 큰 영향을 미치는 것이 아님에도 불구하고 큰손 투자자에게는 상당한 파급 효과를 보여 결과적으로는 서민 가계의 경제적 부담으로 귀결되곤 한다.

가령, 전세대란이 있을 경우 대체 투자처를 찾지 못하고 있는 중산층 이상의 투자자의 경우에는 단기 투자로 수익을 예상할 수 있는 일부 재건축아파트 등으로 자금을 유입하게 될 것이 거의 확실하다.

그 결과로 잠실 등 저밀도지역을 포함하는 재건축으로 인한 '일시적 전세물량 공황권역'에 포함되는 지역에 거주하는 서민들은 불의의 피해를 보게 된다. 결국 과중한 전세금, 월세 등의 부담을 이기지 못하고 또 한번 외곽으로 원치 않는 피란을 가게 되는 부담을 질 수밖에 없다.

이러한 상황 속에서 차근차근 내 집 마련의 꿈을 실현하려고 준비를 하고 있는 서민들에게 바람직한 내 집 마련의 진정한 가이드라인은 누가 제시할 수 있는 것이며, 그것은 과연 믿을 만한 것인지 되묻지 않을 수 없다.

주택시장은 당연히 시장 메커니즘에 의해서 움직여야만 큰 부작용이 없을 것이다. 자칫 주택시장이 인위적인 정부 정책에 따르게 되면 시장은 정부 통제에 따라 움직일 것이 예상된다. 수요와 공급의 논리가 이제 필요한 시점이 된 것이다.

수요가 줄어들면 일반적으로 공급도 줄어들게 된다. 자연스러운 가격의 균형을 맞추기 위한 과정이다. 주택 공급자 입장에서 보면 손해를 보면서 물건을 팔 수 없을 것이다. 이런 과정에서 주택 공급이 감소하면 수급 불균형점이 생기고, 여기에서 가격이 형성된다.

외형적인 평균 주택보급률이 100%를 넘었다고 하지만 지역별로

  절대로 손해 안보고 내 집 마련으로 재테크하는 기술

극심한 편차를 보이고 있다. 경기도가 집계한 '2002년 시군별 주택 현황 및 주택보급률' 조사 결과 경기도 31개 시군 중 15곳이 주택보급률 100%를 넘어선 것으로 조사되었다. 하지만 하남시 등 일부 지역은 보급률이 67~70% 수준으로 지역별로 심한 편차를 보이고 있는 형편이다. 서울은 말할 것도 없다.

아직 주택에 대한 수요가 상존하고 수요에 따른 공급이 필요하다는 것을 말한다. 이제까지의 정부 정책은 대체로 수요를 억제하는 데 초점을 두고 있다. 이는 현실적으로 상존하는 주택 수요를 일시적으로 잠재울 수 있을 뿐이다.

오히려 억제 정책이 풀리면 그 동안 눌렸던 주택 수요에다 투기 수요까지 겹쳐져 과열 현상을 빚기 일쑤다. 때문에 투기와 규제는 반복되는 것이다.

 투자환경이 밝지 않다. 무엇이 문제인가

'이제 급매물을 중심으로 움직여 볼까' 하는 생각을 하다가도 신문 등 각종 경제 뉴스를 접하면 투자할 마음이 쏙 들어가곤 한다. 들리는 바에 따르면 투자환경이 불안하기 짝이 없기 때문이다. 경기지표는 나빠지고, 체감경기도 생각보다 좋아질 기미가 없다.

투자환경이 극도로 나빠지고 있다.

2002년 말 많은 경제전문가들은 우리 경제를 지극히 불안한 모습으로 평가했다. 가구당 3천만원 수준까지 급증한 가계부채, 부동산 가격 하락에 따른 갑작스런 거품 붕괴, 미국 경제 침체, 이라크 전쟁에 따른 대외상황 악화, 물가불안 우려가 예상된다고 했다. 게다가 북한 핵 위기 가능성으로 우리나라의 국가위험도가 높아질

 절대로 손해 안보고 내 집 마련으로 재테크하는 기술

것으로 예상했다.

지금의 모습은 어떤가. 사실 예상했던 것보다 나쁘면 나빴지 별로 좋아진 것은 없는 것 같다. 해외에서도 우려의 목소리가 높아지고 있는 것이 사실이다. 한 경제신문 내용을 정리해 본다. 최근 전국경제인연합회가 발표한 업종별 매출액 기준 6백대 기업을 대상으로 조사한 '2003년 2월 기업경기실사지수(BSI)'가 89.3으로 2001년 11월(85.0) 이후 최저치를 기록했다고 발표했다.

산업자원부가 국내 5천7개 제조업체를 대상으로 실시한 기업경기실사지수(BSI) 조사에서도 매출 수출 내수 경상이익 등 대부분의 업황 BSI(기준 수치 4.0)가 4.0~4.1을 기록, 전분기 전망치(4.3~4.5)에 비해 크게 둔화된 것으로 나타났다고 한다.

도매물가인 생산자물가는 2003년 1월 중 농수산물과 석유 가격 상승으로 전달에 비해 1.0% 상승, 6개월 연속 올랐다고 한국은행이 밝혔다. 이 같은 상승폭은 98년 2월(2.5%) 이후 약 5년 만에 가장 큰 것이다.

이처럼 국내 경제지표가 악화되면서 미국 리먼브러더스가 올 1분기 한국의 성장률이 4%에도 못 미칠 것으로 내다봤고 UBS 워버스는 올 성장률 전망치를 종전 4.7%에서 4.3%로 낮추는 등 주요 외국 투자은행들이 국내 성장률을 잇달아 하향 전망하고 있다.

아울러 정권 교체에 따른 전반적인 정치적 불안감, 북한 핵 문제 대두, 거시경제 지표의 하락세, 가계금리의 상승 기조 등으로 2003년의 경제 전망은 대체로 하락세로 접어들 것이라는 의견이 많다. 심지어 한국경제연구원에서는 국내 성장률 전망치를 2.9%대까지 낮추어 잡고 있는 것이 현재의 상황이다.

선수는 어려울 때를 놓치지 않는 법이다

전반적인 경제 전망이 어둡기는 하지만 자본주의 시장논리상 투자자금은 그냥 머물러 있지는 않는 법. 어딘가 있을 틈새를 찾아 부지런히 움직일 것이 분명하다. 여건이 좋을 때는 누구나 다과의 문제일 뿐 소기의 결실을 얻게 마련이다. 투자환경이 좋지 않을 때는 다르다. 좀더 치밀하고 계획적인 노력이 있지 않는 한 좋은 결과를 얻기란 참으로 어려운 노릇이다.

가진 돈이 많이 있다면 어려운 시기는 오히려 호재일 수 있다. 전반적으로 경기 침체기에는 현금의 효용이 최대한으로 커질 수 있기 때문이다. 급매물, 부실자산, 경매 및 공매 물건 등 어려운 경제 여건으로 인해 생성되는 한시적 매물들을 가장 저렴한 가격으로 경쟁 없이 획득할 수 있기 때문이다.

하지만 이런 상황에서 소액 투자자들은 과연 어떤 재테크 전략을 세워야 할지 궁금한 노릇이다. 어떤 타이밍에 어떤 상품을 어떻게 매입해서 어떻게 처리해야 할 것인지 곰곰이 생각해 볼 문제다.

2003년, 부동산 상품별로 나름대로의 틈새를 찾아보자

2003년 부동산시장의 기조는 유동성 자금을 중심으로 단타 위주 투자 행태가 대세를 이룰 것으로 보여진다. 소액 투자자가 우선 급한 마음으로 서둘렀다가는 '큰손'들의 희생양이 될 것이 분명하다. 실수요자 또는 소액 투자자들이 관심을 가져 볼 만한 부동산상품을 중심으로 재테크 전략을 정리해 본다.

(1) 아파트

올해도 부동산시장의 헤게모니를 주도할 것이다.

2002년 부동산 가격 폭등의 단초를 제공했던 것도 바로 강남의 아파트였다. 저금리 기조 속에서 시중 여윳돈이 부동산시장으로 몰리면서 분양권 전매를 통해 단기 수익을 노린 투자자들이 가세했고, 세입자들이 내 집 마련에 참여하면서 아파트는 단연 가장 믿을 만하면서도 안정적인 재테크 상품 NO.1이었다.

2003년 신규 공급물량 증가, 특정 지역을 중심으로 이미 공급된 대규모 입주물량이 쏟아지면서 전반적으로 아파트 시장은 투자자에게 그리 매력을 가진 시장이 아닐 수 있다. 그래도 이런 때를 투자자는 놓치지 말아야 한다.

단타 위주의 투자가 아니라면 프리미엄 거품이 어느 정도 제거된 신규 입주물량을 주의 깊게 살펴 보아야 할 시기이다. 아울러 입주를 앞둔 분양권시장에도 나름대로 틈새가 있을 것으로 보인다.

투자자보다는 실수요자를 중심으로 한 평생 살 내 집을 신중하게 골라 볼 수 있는 때라고 보아도 좋은 것으로 판단된다. 전반적인 내수경기 침체, 세계 경제의 불안 요인 증가 등 단기간 내 정책적으로 저금리기조를 단번에 인위적으로 조절하지는 않을 것으로 보인다. 가계 수입 금액 범위내에서 적절한 대출을 활용한 내 집 마련 또한 실수요자에게는 바람직한 재테크가 아닌가 싶다.

(2) 주상복합아파트, 오피스텔 시장은 어떻게 될까?

2002년 대표적인 수익형 부동산상품으로 부각된 오피스텔은 용적률 강화라는 정책적 테마가 결국 없던 일로 끝나면서 결과적으로는 강남 지역 및 수도권의 임대수요 증가라는 강세로 출발했다. 대기 물량의 일시적 공급과 입주물량의 증가로 인한 수익률 하락에 대한 우려감이 증폭되면서 점차 하락세를 보였다.

오피스텔의 전반기 활황을 이어받은 주상복합아파트는 정부의 각종 규제 정책에도 불구하고 마땅한 대체 투자처가 없었던 '큰손'들에게는 좋은 대안으로 떠올랐다. 전반적으로 부동산 가격이 하향 안정세를 보이는 가운데 잠실 롯데월드골드, 목동 현대하이페리온 2차, 자양동 포스코더샵 '스타시티' 등은 갈 곳 몰라 요동치는 단기 부동자금의 적나라한 모습을 그대로 보여주었다.

실수요자, 소액 투자자는 2003년에는 오피스텔, 주상복합아파트 상품투자에 더욱 신중을 기해야 할 것으로 보인다. 그나마 투자 자금을 끌어들였던 전매제한 대상이 아니라는 정책적 매력 등이 사라질 것으로 보이며, 한편으로는 정부의 끊임 없는 부동산 안정 대책의 위신을 떨어뜨린 대가를 치를 것으로 보인다.

한편, 이미 넘쳐났던 공급물량이 순차적으로 입주를 앞두고 있어 수익형 부동산으로서의 매력도 점차 떨어지지 않나 싶다.

(3) 상대적으로 매력 있는 시장으로 부각될 토지시장

아파트 → 주상복합, 오피스텔 → 토지로 옮겨가며 부동산시장의 활황을 이끌었던 올해와 비교해 볼 때 그나마 아직도 각종 개발 호재를 등에 업고 있는 토지시장은 내년에도 지속적인 상승세를 탈 것으로 생각된다.

올해 서울 및 수도권 지역 그린벨트 해제 예정, 판교 신도시 개발, 파주 금촌 택지개발지구 주변 등 다양한 재료를 가진 토지시장에 대하여 정부는 토지 거래 허가 구역 확대, 거래 동향 감시 구역 확대, 토지거래 빈번자 국세청 통보 등으로 틈새를 주지 않으려고 애쓰고 있다.

하지만 마땅한 대체 투자처를 잃은 부동자금은 아파트, 주상복합아파트, 오피스텔 등에 비하여 전방위적인 규제가 덜한 토지시장을 그냥 놔 둘 리가 없다. 수도권 지역, 지방 대도시, 지방 개발 가능 지역 등으로 그 대상을 넓혀가며 미래 투자 가치를 겨냥하여 발 빠르게 이동할 것이 예상된다.

다만, 소액 투자자의 경우 토지상품에 투자할 때 목돈이 장기간 잠기게 되어 환금성 제약이 뒤따를 것이라는 점을 감안하여 욕심보다는 장기적인 관점에서 투자를 고려하는 것이 반드시 필요하다.

(4) 상가, 공급물량 과다로 인한 수익률 급락이 보인다

주택시장 견제 정책에 따른 반사이익, 저금리로 인한 양호한 수익률 등으로 올해 2천 곳 이상의 상가가 신규 분양되었다고 한다.

상가만큼 수요와 공급의 균형에 민감한 부동산 상품도 적을 것이다. 향후 일정기간 동안 올해 상가 공급 물량의 단기 집중으로 입점 시점 수익률 하락이 예상되므로 가능한 한 소액 투자자의 경우 투자에 신중하여야 한다.

다만, 실수요자 또는 소액 투자자의 경우 배후 상권이 탄탄한 단

지내 상가 또는 택지개발지구내 근린상가 등은 신중한 시장 조사
를 전제로 선택하다면 임대로 저금리 시대에도 안정적인 수익률을
달성할 수 있으리라고 여겨진다.

05 행정수도 이전, 부동산은 어떻게 되나

　　　　　　　　　　'행정수도 이전' 프로젝트의 윤곽이 드러나고 있다. 인구 50만 규모로 2007년 착공한다고 한다. 해결해야 할 많은 문제가 있지만 새로운 정부의 실행 의지는 확고하다. 적어도 새로운 정부 임기 동안 행정수도 이전은 부동산시장을 견인하는 역할을 할 것이 분명하다. 그 내용을 들여다본다.

　행정수도를 옮기는 이유가 무얼까? 그 해석은 분분할 수 있다. 보는 시각에 따라서는 옮겨서는 안 될 이유도 있을 것이지만 정부는 행정수도 이전에 대한 의지를 분명히 하고 있다. 혹 행정수도 이전에 대하여 여야간 충돌이 발생해 국회에서 저지될 경우 마지막 수단으로 국민투표를 해서라도 옮길 것이라고 밝히고 있는 정도다.

　가장 큰 이유는 서울을 비롯해 경기도, 인천 등 서울 주변의 수도권에 인구 및 각종 산업이 지나치게 몰려 있기 때문이다. 사실

[표 5-3] 수도권 집중도(2000년 기준)

인구 : 46.6%	제조업체 수 : 57%	승용차 수 : 48.6%
• 전　국 : 4,828(만명) • 수도권 : 2,252(만명)	• 전　국 : 98,110(개) • 수도권 : 55,874(개)	• 전　국 : 8,889(천대) • 수도권 : 4,321(천대)

공공청사 수 : 78.5%	금융회사 예금 : 68.1%	금융회사 대출 : 65.2%
• 전　국 : 367(개) • 수도권 : 288(개)	• 전　국 : 404,661(10억원) • 수도권 : 275,394(10억원)	• 전　국 : 310,804(10억원) • 수도권 : 202,797(10억원)

대학교수 : 40.7%
• 전　국 : 162(개) • 수도권 : 66(개)

수도권 집중도를 살펴보면 그 심각성은 분명하다.

새 정부가 밝히는 행정수도 이전 플랜이 부동산시장에 미치는 영향은 무엇일까? 많은 부동산 전문가들은 애써 안정시킨 부동산시장에 다시 한번 투기 열풍을 가져올 수 있다는 점을 공통적으로 지적하고 있다.

이유는 현재 밝힌 내용으로는 행정수도 후보지 선정 시기, 조성공사 착공 시점 등에 대해서만 언급하고 있어 앞으로 남은 시간 동안 무수한 소문을 동반한 투기적 시장 형성에 대한 가능성을 내포하고 있기 때문이다.

현재 부동산시장의 안정은 시스템화된 구조적인 안정이라기보다는 다분히 인위적인 '통제'로 형성된 것이니 만큼, 호재만 생기

 절대로 손해 안보고 내 집 마련으로 재테크하는 기술

면 그 틈을 파고드는 투기세력이 왕성하게 움직일 것으로 생각된
다. 한 가지 발표가 나올 때마다 시장에서는 기다렸다는 듯이 반사
적인 움직임이 포착되고 있다. 그만큼 불안정한 시장이다.

행정수도 후보지 어디가 유력한가

정부 출범 직후 신행정수도건설추진위가 구성돼 2004년 상반기
까지 예정지가 정해지는 등 행정수도 이전 계획이 구체적으로 진
행되고 있다. 아직까지는 많은 변수가 있기 때문에 특정해서 대상
지를 예상할 수 없다. 다만, 충청권 행정수도 추진 일정과 대체적
인 윤곽 제시에 따라 가능한 시뮬레이션을 해 본다.

가장 큰 선택의 기준은 기존 도시 활용이냐 또는 독립도시로 조
성하느냐 하는 것으로 선택에 따라 투입 비용, 조성 기간 등이 크
게 달라질 수 있다.

우선 기존 도시 활용시 비용과 일정을 단축할 수 있어 대전 서남
부 지역이 유력하다고 볼 수 있다. 대전 서남부 지역은 기존 시가
와 바로 붙어 있어 도시 건설 비용을 최소화할 수 있고 시가화 조
정지역으로 지정됐던 곳과 계룡대 사이를 추가로 개발할 경우 도
시 규모를 확대하는 것도 쉽다.

아산신도시와 천안시를 연계한 천안·아산권의 경우 서쪽으로
치우쳐 있어 행정수도의 상징성 측면에서는 낮은 점수를 받고 있
다. 오송·오창권은 투입비용과 일정 측면에서 대전 서남부나 천
안·아산권에 비해 뒤진다는 평가를 받고 있다. 공주·연기군 일

대는 대전, 청주와 가깝고 충청권 중심지라는 강점이 있지만 고속 철도에서 비껴나 있고 조성 비용이 다른 지역보다 많이 들 것으로 평가되고 있다.

여러 가지 경우를 평가해 볼 때 개혁 성향이 강한 새 정부는 단순 명분보다는 실리와 상징성을 중심으로 후보지를 선택할 것으로 보여진다. 특정 후보지를 '달랑' 선택해 받게 될 부담을 피해 인근 지역의 강점과 연계한 그룹형 후보지 선정을 할 수도 있을 것으로 예상된다.

그 이유는 대전, 청주, 천안 등은 차량으로 이동할 경우 불과 1시간 이내의 인접 생활권이므로 특정 후보지를 선택하였을 경우 보완해야 될 비용 또는 시간적인 문제점을 최소화할 수 있을 것이기 때문이다.

현재 후보지로 거론되는 지역에서는 소액 투자자보다는 '큰손'을 중심으로 장기 투자전략을 구사하려는 움직임이 적지 않다. 모든 정보가 공개되는 '인터넷 시대'라고는 하지만 아직도 지역 개발에 따른 비밀스러운 정보는 공공연하게 '거래'되고 있어서 자금력, 정보력에서 절대 우위를 점하고 있는 '큰손'들은 이미 특정 지역을 중심으로 이합집산을 하고 있는 느낌이다.

따라서 실수요자나 소액 투자자의 경우 분위기에 휩쓸려 부화뇌동하기보다는 차분히 시장을 관망하면서 어떤 지역, 어떤 상품에 투자해야 할지 생각해 볼 필요성이 있다.

 절대로 손해 안보고 내 집 마련으로 재테크하는 기술

06 당근 끝! 채찍 시대의 부동산 투자

'부동산 투자환경이 급변하고 있다.' 사실 내 집 마련의 소박한 꿈조차 이루지 못한 사람들에게는 관심밖일 수도 있다. 하지만 부동산을 둘러싼 변수는 '가지지 못한 사람'들을 배려하지 않는다. 돈이 되면 어디든 어떤 상품이든 가리지 않기 때문이다. 실수요자 또는 소액 투자자가 알아 둘 만한 내용을 정리한다.

부동산 투자, 알수록 쉽고 모르면 더 어렵다

최근 부동산시장을 둘러싼 투자환경이 하루가 다르게 변하고 있다. 새 정부는 시장에 대한 채찍질을 한층 강화하고 있다. 정부는 연일 새로운 정책을 내놓고 있어 서민들은 혼란스럽기까지 하다. 그만큼 내 집 마련을 둘러싼 주변 여건이 복잡해지고 있다는 반증이다.

내 집을 마련할 수 있는 종자돈을 마련하기 위하여 곁눈질 한번 하지 않고 이제까지 숨가쁘게 달려왔건만 집값은 나날이 높아만 가고 있다. 이제 다변적인 투자환경과 함께하지 않고서는 부동산 투자도 쉽지 않게 되었다.

(1) 부동산 투자의 목적과 방법을 분명히 해야 한다

얼마전 LG경제연구원에 따르면 우리나라의 전반적인 경기회복세에 가속도가 붙고 있고 환율도 안정세를 유지하고 있어 빠르면 2003년에는 다시 국민소득 1만 달러를 맞이할 수 있을 것이라 전망했다.

국민소득 1만 달러의 의미는 많겠지만 통상 주택 소유 형태에 있어서 '세컨드 하우스(Second House)'에 대한 관심이 증폭될 것이라고 한다. 따라서 최근 전원주택시장이 주목을 받고 있다. 또한 갈 곳을 잃은 투기성 자금들이 그 선택의 폭을 넓히고 있다. 강남을 떠나 강북, 수도권 지역을 지나 이제는 '행정수도 이전'의 후광을 등에 업고 충청권까지 움직이고 있다.

이런 다변적인 투자환경에서 투자자는 어떻게 해야 할까. 한마디로 나름대로의 선택 기준(부동산상품, 지역, 투자 기간 등)을 분명히 해야 한다. 이제 뜬구름 잡기 식의 '묻지 마 투자'는 더 이상 시장에서 통하지 않기 때문이다.

투자 자금의 성격과 기대수익률, 투자자의 성향과 투자 경험 등을 감안하여 부동산 전문가의 조언을 참고하는 것이 불확실성을 줄여 준다. 이렇게 얻어진 각 투자 상품간의 상관관계 분석을 통하여 가장 민감도가 높은 쪽을 선택해야 한다.

(2) 내 집 마련에 대한 눈높이를 조절하여 대안을 갖자

지난해 청약시장은 심한 이전투구의 양상을 보였다. 정부는 급히 '분양권 전매' 제한 카드를 꺼내 들었다. 다양한 부동산 대책으로 이제 안정권에 들어선 것처럼 보인다. 그렇지만 시장은 불안한 면이 없지는 않다. 청약통장에 '복권' 처럼 가입해 당첨의 기회를 노리고 있는 많은 가수요는 기회만 움직이면 들썩일 수 있기 때문이다. 시장이 들썩일수록 그 피해는 온전히 실수요자에게 돌아갈 것으로 예상되기 때문에 더욱 그렇다.

이제 내 집 마련의 눈높이를 조금만 낮춰 보자. 특정 지역, 특정 학군, 특정 편익시설에 연연할수록 그 기회는 줄어들기 때문이다. 누구나 관심을 가질 수 있는 지역의 주택보다는 바로 '나' 이기 때문에 의미가 있는 그런 지역을 찾자. 100% 만족하는 조건의 주택보다는 10%~20% 정도는 조금 불편하더라도 맞춰 갈 수 있다는 마음을 가지면 어떨까. 조건이 변하면 선택의 폭은 배가 되기 때문이다.

(3) 정책의 행간을 읽어 적절한 대응을 해야 한다

얼마전 공정거래위원회는 상가 임대차계약 관련 표준약관을 제정했다. 상가 임차인에게 일방적으로 불리하게 돼 있는 임대차계약을 개선하여 서민들의 불의의 피해를 막기 위해서이다. 실수요자들이 경계해야 하는 점은 정책 발표 내용 뒤에 감춰진 실제 내용에 더욱더 많은 관심을 가질 필요가 있다.

상가 임차인을 위한 정책적 대응은 이미 오래 전부터 있어 왔으나 제도적 실행과는 거리가 멀었다. 일설에는 가진 자들(임대인)이

입법기관의 의원들이기 때문이라는 이야기도 유언비어처럼 나돈다. 화나는 일이다. 이럴 때일수록 실수요자는 냉정을 잃지 말고 현실적으로 대처해야 한다.

얼마 전 정부는 서울 반경 20㎞ 이내의 개발제한구역에서 해제된 지역을 6개 통근권으로 구분, 접근성이 양호한 남양주, 성남 등 11개 지역 260만평을 택지지구로 지정키로 했으며, 주택 지원을 위한 재원 확대를 위하여 국민주택기금을 지원한다고 발표했다. 아울러 신도시 예정지 위장 전입을 조사한다고 한다.

웃음을 머금게 하는 면이 있다. 신도시 개발계획 발표와 실제 개발과는 상당한 시간적 괴리가 있기 때문에 일반 샐러리맨의 경우 빈약한 정보를 바탕으로 신도시 예정지에 위장 전입을 할 가능성은 너무나도 적기 때문이다. 오히려 있는 사람들이 그냥 '묻어 둘 수 있는 자금'으로 해당 지역 여러 곳을 입도선매하여 그 투자확률을 높여 왔다는 것은 삼척동자도 알고 있는 사실이다. 정책 발표에 부화뇌동하기보다는 전문가의 조언을 감안한 능동적인 대응이 필요한 시점이다.

⑷ 공공부문의 주택공급에 많은 관심을 가지자

대한주택공사(www.jugong.co.kr) 또는 도시개발공사 등 공공부문에서 공급하는 주택에 관심을 가져 보자. 돈 없는 서민들은 청약예금이나 청약부금보다는 청약저축을 가입하여 좀더 틈새를 찾아볼 필요가 있다. 대부분 국민주택규모 미만으로 청약저축 가입자가 우선 공급대상이기 때문이다.

사실상 용인, 수지, 죽전지구 등은 실수요자 못지 않게 투자 목적으로 분양이 이루어졌다고 볼 수 있다. 파주, 의정부 등 경기 북부 지역의 택지개발지구 등은 대체로 실수요자가 절대적으로 그 대상이었다. 내 집 마련의 대안을 경쟁이 심한 곳에서 찾지 말고 경기 북부 지역에서 찾아보는 것은 어떨까. 그 동안 아껴 왔던 청약저축 통장을 활용할 수 있는 기회가 아닌가.

동호인주택, 제대로 사면 돈 번다

"부자는 돈으로 돈을 벌고, 우리는 내 집으로 돈 번다"

부동산으로 재테크할 수 있는 방법은 많다. 물론 돈이 많다면 문제는 없겠지만 부족한 '투자 자금'이 걸림돌이다. 부자들은 확률적인 재테크를 할 수 있다. 있는 사람들이 가지고 있는 '돈'에 관심을 가질 수밖에 없는 많은 전문가 집단(은행 PB, 보험영업자, 변호사, 세무사, 중개업자 등)이 도와달라는 말, 투자상품을 찾아달라는 부탁이 없어도 자진해서 돈 되는 물건을 가져다 주거나 최적의 투자 포트폴리오를 작성해 주기도 한다. 따라서 부자는 그저 앉아만 있어도 돈을 벌 수 있는 많은 기회를 가지게 된다.

우린 어떤가? 결혼 전에는 전세자금을 마련하기 위해서, 결혼 후에는 내 집 마련을 위해서 등골이 휠 정도로 고생을 하고 있다. 언감생심 재테크는 꿈도 꾸지 못한다. 그저 '벼락맞을 확률'이라는 로또복권 한 장을 구입하는 것으로 상대적 박탈감을 채우는 정도다.

하지만 재테크에 대한 관심을 가지고 있다면, 돈을 벌고 싶다는 욕망이 꿈틀거린다면 그저 망연자실할 수는 없는 법. 보다 현명한 방법을 찾아보자. 현실적인 목표와 동일선상에서 기대할 수 있는 방법이 있는지.

동호인주택으로 내 집을 마련해 보면 어떨까. 어쩌면 평생의 목표일 수 있는 '내 집 마련'을 하는 것이 재테크 방법이 되면 좋겠다. 동호인주택은 일반적으로 알려진 많은 장애요인(청약통장, 청약경쟁률, 높은 분양가 등)을 피해 원하는 수준의 주택을 구입할 수 있으며, 많은 비용을 절감하여 입주 때 적지 않은 시세차익을 기대할 수 있어 관심을 가질 만하다.

01 동호인주택으로 재테크할 수 있다

'동호인주택을 사면 어떻게 투자 이익을 얻을 수 있는지 아는 것이 중요하다. 동호인주택의 잘못된 평가로부터 자유로워야만 가능한 일이다. 그 매력은 무엇이며, 어떤 지역을 선택할 것인지를 알아보자. 또 투자할 때 유의할 내용은 무엇인가.

(1) 동호인주택은 재테크 상품으로서 투자가치가 떨어진다?

일부 투자자들 사이에서는 일반 아파트에 비하여 소규모 동호인주택은 환금성이 떨어져 투자상품으로 별 관심을 가지지 않는 것이 당연시되어 왔다. 하지만 이는 다분히 편견일 수도 있다. 개인이나 동네 건축업자들이 찍어내듯 짓는 다가구, 다세대주택이 '○○빌라'로 통칭되면서 전반적으로 수준이 떨어지는 소규모주택의 대명사처럼 불리워졌던 것이 이런 왜곡된 판단의 시작이 아닐까 싶다. 그러나 사실은 다르다. 쾌적하고 다양한 생활편익시설을 갖춘 양호한 주거지에 짓는 동호인주택이 사실상 고급주택으로서 '빌라 또는 빌라트'이기 때문이다. 건축법의 분류상 대부분 동호인주택은 공동주택(아파트)로 지어진다.

(2) 동호인주택은 아파트에 비해 터무니없이 비싸다?

고급주택으로서 '빌라(동호인주택)'는 양호한 주택지에 위치하게 되므로 토지원가가 기본적으로 높고, 건축허가를 통하여 20세대 미만으로 지어지는 것이 일반적이어서 아파트에 비하여 통상 용적률이 현저히 낮아 적정사업이익 창출을 위해서는 분양가격을 높이는 것이 일반적이었다. 따라서 연면적당 토지원가 또는 건축원가를 감안하면서 개발사업의 이익 극대화를 위하여 용적률을 최대한 반영하는 아파트보다는 근본적으로 가격이 높을 수밖에 없었다. 하지만 이러한 논리에 근거한 원가적인 속성도 '동호인 모집방식'이라는 적극적인 원가절감 사업방식을 따르면 쾌적성, 편리성, 안전성을 갖춘 고급주택임에도 불구하고 경쟁력 있는 가격을 제시할 수 있는 환금성이 뒤따른다.

(3) 빌라(동호인주택)는 점점 더 환금성이 떨어진다?

통상 빌라는 건축허가를 통하여 공급되기 때문에 '소규모'라는 수식어가 뒤에 따르기 마련이다. 하지만 고급주택인 빌라의 경우 양호한 주거환경을 갖춘 주택지인 청담동, 방배동, 반포동, 구기동, 성북동 등 특정지역에 집중적으로 공급되어 결과적으로 고급주택단지를 형성하게 되어 공동주택의 대명사인 아파트에 뒤지지 않는 환금성에다가 독립단지로서의 안정성, 쾌적성까지 갖추게 되

 절대로 손해 안보고 내 집 마련으로 재테크하는 기술

었다. 따라서 청담동, 방배동 지역의 고급빌라의 경우 아파트 못지 않는 환금성을 가지고 있다는 평가를 받고 있어 일부 이런 방식의 투자방법을 아는 사람들에게만 지난 10여 년간 꾸준한 인기를 얻고 있는 상황이다.

⑷ 동호인주택, 알고 사면 투자 매력 있다

동호인주택의 경우 획일적이고 단체성이 강한 아파트에 비하여, 세대별로 가족 구성원에 맞춰 공급되는 다양한 내부설계와 평면, 독특하면서도 아름다운 외관, 고급자재 등의 차별화된 장점을 가지고 있다.

동호인주택은 아파트보다 가격이 비싼 일반빌라(다세대주택)에 비하여 원가적으로 경쟁력을 갖추고 있다. 우선 토지구입에 따른 취득, 등록세 부담, 사업진행에 따르는 사업소득세, 토지구입에 따르는 선투자금액에 대한 금융비용, 모델하우스 건립비 등 마케팅 비용 등을 부담하지 않기 때문에 통상적으로 30% 정도 원가를 절감할 수 있어 입주 때 분양가대비 30% 이상의 시세차익을 사실상 보장받는다고 볼 수 있다. 또한 시공과정에서 도급공사를 준 시공사와 동호인간 충분한 협의를 통하여 입주 후 벽지나 주방 등 사소한 인테리어를 바꾸느라 불필요한 비용을 낭비할 필요가 없다.

동호인주택의 건축공사기간은 통상 1년 내외이므로 사업기간이 긴 아파트에 비하여 아파트 계약시점과 입주시점간 시간적 괴리로 인한 유행에 뒤떨어지는 인테리어 트렌드 문제, 생활패턴 변화에 따른 평면구성 등의 고민이 상대적으로 적다는 장점이 있다. 유행이나 인테리어 트렌드에 특히 민감한 청담동, 방배동 일대의 '보보

스족'에게 어필되고 있다는 점이 환금성을 높이게 한다.

(5) 동호인주택, 되는 곳만 가격이 오른다

전통적으로 동호인주택 사업지로 선호되는 지역은 쾌적한 주거환경 여건은 기본이고, 아울러 대중교통여건, 교육여건, 각종 편의시설 이용 등이 편리한 지역이 선호되고 있다. 이런 지역에 지어지는 동호인주택이어야만 환금성과 수익성을 도모할 수 있기 때문이다. 예를 들면, 청담동, 방배동, 반포동, 논현동 등이 대표적인 동호인주택 유망 사업지이다.

다만 이러한 동호인주택의 경우 아파트와 같은 불특정 다수를 대상으로 하는 마케팅이 거의 없기 때문에 일부 투자자들에게만 한정된 기회를 가진다는 것이 유통상의 문제라고 볼 수는 있지만 결국 투자목적, 실거주목적으로 일정한 가격을 지불할 수 있는 계층은 한정적이므로 공급자 입장에서는 1:1 투자설명, 한정적 DM 작업 등을 통해서 공급하고 있는 실정이다.

투자 매력 만점인 동호인주택을 선택하기 위해서는 다음과 같은 점에 유의해야 한다.

청담동, 방배동 등 전통적인 고급빌라 선호지역을 선택해야 한다.

아파트와 달리 고급빌라의 경우 그 수요층은 일부 지역에 한정적이므로 이러한 수요를 창출할 수 있는 지역에 투자하여야만 기대이익을 창출할 수 있다.

주택선택의 주도권을 가진 주부에게 편리한 입지여건을 갖춘 곳을 선택한다.

주택에서 많은 시간을 보내는 주부에게 어필할 수 있는 여건, 다양하고 편리한 쇼핑시설, 교육시설 및 학군, 백화점이나 휘트니스센터 등의 시설을 쉽게 이용할 수 있는 지역에 위치한 빌라를 선택해야 수익을 극대화할 수 있다.

(6) 동호인주택 특성상 신뢰할 수 있는 시공사 상품을 선택하라

청담동, 방배동, 반포동 등 고급빌라 선호지역에는 일정 기간 동안 해당지역에서 전문적으로 동호인주택사업을 오랫동안 진행해온 업체들이 있다. 이들은 동호인주택 사업을 통해서 고객의 요구를 수용하고 불만사항을 최소화할 수 있는 경험을 갖춰 나름대로 신뢰할 수 있다.

대기업의 브랜드 파워를 무시하기 어렵겠지만 원가적으로, 사업 규모적으로 부담을 느끼는 대기업의 참여는 사실상 적은 편이다. 따라서 지역별 고급빌라 시공사로서의 NO.1 브랜드를 가진 전문업체에 관심이 필요하다.

동호인주택 사업이 가능한 곳에 단독주택을 가진 사람들이 유의할 내용이 있다. 사업을 하는 사람들과는 정반대의 입장이기 때문이다. 터무니없는 가격에 팔 수는 없지만 적어도 손해를 보지 않고 파는 방법을 알아보자.

방배동에 사는 박종식(48) 사장은 귀가 솔깃한 제의를 받았다. 올초 집안사정으로 현재 살고 있는 단독주택을 팔 생각으로 인근 부동산에 물건을 내놓았으나 기대에 미치지 못하는 가격 때문에 거둔 적이 있었다.

얼마면 팔겠다는 매도 희망금액을 제시한 뒤 매수 희망자가 나타나면 연락달라고 했는데 바로 어제 그 부동산에서 연락이 온 것이다. 매수 희망자가 나타났는데 그 일대 단독주택을 매입하여 고급빌라로 개발하려는 회사에서 단독주택을 즉시 사겠다는 이야기였다. 금액은 원하는 만큼 지불하겠다는 말과 함께.

약속장소에서 만난 시행사 직원은 이미 방배동 일대의 개발 가능한 단독주택의 가격이 천정부지라는 사실을 알고 있는지 매도희망금액에 대하여는 많다 적다라는 말 한마디 없이 계약서를 꺼내놓고 바로 계약을 체결하자고 하는 것이었다.

그 직원이 꺼내놓은 계약서를 자세히 읽어보던 이 사장은 계약의 효력발생에 대한 조건이 도무지 이해가 가지 않는 것이었다. 계약의 효력발생에 대하여 계약서에는 다음과 같이 적혀 있었다.

"사업대상 토지(○○번지외 6필지)에 대한 매매약정이 모두 완료된 후 계약서에 명시된 은행계좌로 입금됨과 동시에 본 매매계약의 효력은 발생한다."

주지하고 있는 사실이지만 부동산의 매매에 있어 가장 중요한 것은 매매계약서를 작성하는 것이다. 매매 당사자간에 계약의 내용을 정확히 이해하고 있는가의 문제이다. 이때 시행사 입장에서는 대상 필지 중 하나라도 매입이 안되는 경우에는 사업진행이 어려워진다. 때문에 이런 조항을 넣게 되는 것이다. 따라서 매도자 입장에서는 일방적으로 시행사인 매수인에게 끌려가는 조항에 대하여 반드시 반대입장 또는 대안을 제시받아야만 된다. 단독주택을 시행사에 매도할 경우에는 특별히 유의할 사항이 많다. 계약서 한장으로 파는 사람과 사는 사람의 입장이 정리되므로 신중하게 대응해야 한다.

매매계약서 작성 때 주의할 내용을 정리해 본다.

(1) 계약의 효력발생 시기를 명확히 하자

매도자 입장에서는 사업대상 필지가 모두 계약된 후 계약금이

구좌입금됨으로써 계약의 효력이 발생하는 것은 상당히 불리한 조항이다. 따라서 다른 필지와 상관없이 계약서 작성과 동시에 매매대금을 받도록 해야 한다. 이때 시행사의 경우 사업을 위해서는 대부분 계약을 하게 된다.

(2) 잔금을 받기 전에 해당 부동산을 담보로 제공한다는 계약조항을 피해라

통상적으로 시행사가 제시하는 계약서에는 통상 매매잔금은 은행에서 해당 부동산을 담보융자로 한다는 조항이 있다. 잔금을 받은 뒤라면 문제가 없겠지만 잔금을 받기 전에 부동산을 담보로 제공한다는 것은 지극히 부담스러운 내용이므로 잔금을 모두 지급한 뒤라는 내용으로 대체하자.

(3) 매매금액 외 발생할 수 있는 금전발생 사항을 구체적으로 명시하라

건물분 재산세, 토지분 종합토지세, 각종 세금과 공과금에 대한 부담 기준을 명확히 하여야 하며, 1가구 1주택인 사람은 큰 문제가 없겠지만 1가구 다주택인 경우 또는 1년 이내에 매매하는 경우라면 양도소득세에 대한 부담에 대하여 어떻게 처리할 것인지를 구체적으로 명시해야 예측하지 못한 금전적 손해를 피할 수 있다.

 절대로 손해 안보고 내 집 마련으로 재테크하는 기술

03 토지 가격, 동호인주택 사업의 아킬레스건

동호인주택을 공급하는 개발업자들 입장에서 생각해 보자. 간혹 터무니없는 가격을 제시하는 토지주가 있을 수 있다. 이럴 경우 보다 많은 동호인주택 공급이 어려울 뿐더러 실수요자가 주택을 구입할 때 높은 가격으로 구입하기 때문에 투자가치가 없을 수 있다.

방배동 전용면적 18평짜리 노후 연립주택의 매매금액이 무려 3억원 이상에 거래되고 있다. 개발을 전제로 평가할 때 해당 다세대주택의 토지지분은 10평 정도. 통상 오래된 다세대주택의 경우 건물가치는 별도로 인정을 받지 못함을 감안할 때 토지 평당 3천만원에 해당하는 금액이다. 이렇게 가격이 비싼 이유는 부동산 개발로 인하여 높아질 부가가치가 이미 부동산 가격에 반영되어 거래되고 있기 때문이다.

얼마 전 방배동 일대의 단독주택, 다세대주택 등의 가격이 하늘 높은 줄 모르고 치솟은 적이 있다. 과거 '동광단지'라는 최고급 빌라단지의 토지 가격이 평당 1천3백만원 정도에 거래되어 인근 지역내 최고가를 형성하고 있었다. IMF 시절 다른 곳의 토지 가격은 급락하였지만 '동광단지'는 그래도 그 가격을 유지할 만큼의 저력을 지녔던 곳이다.

하지만 이젠 사정이 달라졌다. 이미 고급빌라가 대부분 자리잡아 더 이상의 개발 가능한 토지가 적어진 '동광단지'는 토지 가격 변화가 적은 반면 '국군정보사부지 이전 및 테헤란로 연결'이라는 재료로 한껏 불붙은 방배동 일대의 토지 가격 상승은 하루가 다르게 올랐다. 기존 단독주택이나 다세대주택을 헐고 대부분 동호인 모집방식의 빌라사업을 벌일 토지를 매입하기 위한 발걸음에 공인중개사 사무실은 문턱이 닳고 있다.

특정 건설회사와 토지 매매계약을 체결키로 약속이 되어 있음에도 얼마 후 다른 건설회사가 더 많은 돈을 제시하며 자기와 계약할 것을 제의한다. 심지어는 매매계약이 체결된 상태에서도 매도인에게 건설회사가 접근하여 계약금만 수수한 상태에서는 계약금의 배액을 배상하면 언제든지 계약을 해지할 수 있다고 말하며 계약금의 배액은 물론 추가로 얼마를 더 주겠다고 끈질지게 물고 늘어지는 경우도 있다. 결국 토지 가격은 토지주가 부르는 것이 가격이 되고 있는 형편이다.

2002년 초 방배동일대 토지 가격은 대체로 개발을 전제로 한 매매라고 할 경우에도 평균 1천만원 내지 1천1백만원 정도였다. 그러나 '정보사부지 이전' 등의 호재가 등장하면서 현재는 평균 1천5백만원이 기본금액이 된 상태다. 사실상 부동산 개발사업의 한계

점에 다다른 느낌이다.

　시장에서 받을 수 있는 분양 가격은 분명 한계가 있다. 더 많이 받으면 좋겠지만 고객은 냉정하기 때문이다. 반면에 분양가를 형성하는 중요 원가인 토지 가격은 건설회사가 정할 수 있는 것이 아니다. 또한 사업에 필요하다면 필수적으로 매입해야 하는 토지의 경우 그 상한선은 없다. 따라서 원가의 급상승으로 인한 개발사업의 메리트는 없어지고 결과적으로 사업을 하면 할수록 손해라는 결론에 도달하게 되는 셈이다.

04

토지 매입, 있는 사람이 더 무섭다

현장에서 동호인주택 사업을 위한 토지를 매입하다 보면 참으로 황당할 때가 더러 있다. 팔겠다는 것인지 말겠다는 것인지를 알 수가 없다. 어쩌면 그들은 전문가 수준이다. 이제 단순 토지중개는 어렵다. 파는 사람이 가질 수 있는 많은 고민에 주목해야만 된다.

나름대로 부동산에 대하여 관심있는 사람들은 한번쯤 아파트 또는 고급주택 등의 개발사업에 필수적인 개발사업용 부지는 과연 건설회사, 개발회사에서 어떻게 조달하는지에 대한 궁금증을 가져 본 경험이 있을 것이다. 사실 10여 년 전 대학 졸업과 병역의무를 무사히 마치고 나름대로 무난하게 사회생활을 시작하였다. 처음 입사지원을 한 곳은 세칭 '대기업'이었고 지원부서는 학부 때 전공한 도시계획 부문이었다.

대학에서 배우는 내용이야 대체로 개론 수준이지만 나름대로 학교생활을 통해서 건축법, 도시계획법, 국토이용관리법 등 토지공법의 체계를 익혔으며, 부동산 계약에 대한 일반사항도 직간접적으로 경험을 하였던 터라 내심 입사연수기간(2달)이 끝나고 부서배치를 할 때 부동산관련 부서로 배치되었으면 하는 마음이 있었던 것이 사실이었다.

결국 원하는 대로 건설파트 개발사업부에 배치를 받았다. 개발사업부, 주택사업부, 아파트프로젝트팀 등 사실상의 건설회사의 개발에 대한 기획, 사업성 검토, 개발타당성 검토, 분양업무, 분양고객 입주관리업무 등 부동산 개발사업의 핵심업무를 다루는 부서를 지칭하는 명칭은 다양하다. 물론 작은 개발회사나 시행회사의 경우 이런 업무상의 구분은 특별한 의미가 없기는 하지만 말이다.

처음에 OJT(On Job Trainnering)를 마치고 '사수'와 함께 땅을 보러 갔을 때의 경험은 지금도 생생하다. 지적, 지목 등의 눈에 보이지 않는 인위적인 구분이 전혀 없는 토지를 척하니 보고 계산기를 가지고 여러 가지 따져보더니 "에이… 사업성이 없겠는데"라며 다른 곳으로 가자고 하던 그 사수의 모습이 참으로 대단해 보였다.

그 후로 10여 년의 시간이 지나 이런저런 경험을 다양하게 하면서 나름대로의 개발에 대한, 토지에 대한, 분양에 대한 생각들을 정리하게 되었다. 그리고 지금은 부동산 현장에서 직접 지주를 만나 토지매입 협상과 계약을 하고, 분양에 대한 마케팅 세부계획을 작성하고 있다.

건설회사가 토지를 매입하는 방법에는 다양한 네트워크가 있다. 우선 누가 오라고 하지도 않았지만 토지의 원천정보나 중개할 정보를 가지고 자진해서 건설회사 주택사업부내 용지팀 담당자에게 쉼없이 물어다주는 사람들이 있다. 1년 이상 정보를 가져다 주어도 실제로 매매 한 건이 이루어지지 않는 경우도 있기는 하지만 그 중에서 1건만 성사되어 토지비의 일정부분을 수수료로 받는다면 누구 말대로 팔자 한번 펼 수 있는 경우도 더러는 있다. 또는 필요에 따라서 특정 지역(나름대로 분양에 대한 검증이 되어 사업진행키로 결정한 지역)에 특정 필지를 지정하여 인근의 중개업소에게 대신 매입을 대행시키는 경우가 있다.

건설회사가 직접 나서게 되면 매입에 따른 유통비용이 높아질 것이 뻔하기 때문에 중개업자를 대신 내세워 대리전을 치루게 하는 방법이다. 가장 공개적인 매입방식은 토지공사, 지방공사 등을 통하여 택지개발지구내 택지에 대하여 추첨 등의 방식을 통하여 매입하는 방법이다. 이런 택지개발내 토지의 경우 아파트 등을 분양하며 각종 생활에 필요한 기반시설이나 편의시설이 완비되어 수월하게 목표한 분양률을 달성할 수 있는 장점이 있기는 하나 경쟁이 심하여 쉽게 구할 수 없는 것이 단점이다.

동호인주택에 대한 토지매입은 어떠한가

사실상 동호인주택 사업을 진행하는 건설회사, 시행회사의 경우 대상이 될 만한 지역에 대한 토지 정보, 지주 정보는 손금 보듯 훤하다. 몇번지 집주인은 누구인데, 최근에 새로 자동차를 구입했고, 정기적으로 해외여행을 한다는데…… 등의 시시콜콜한 이야기도

  절대로 손해 안보고 내 집 마련으로 재테크하는 기술

그들에게는 나름대로 정보로서의 의미가 있다.

이런 이유 때문에 오픈된 물건(토지)에 대하여 매수하려는 사람이 많다 보니 자연 경쟁이 심해 가격 상한선을 정할 수 없게 된다. 또 사려는 사람들과 여러 번 접촉한 경험이 있는 토지주 역시 나름대로 부동산 매매에 있어 자연스럽게 '선수'가 되어 간다.

시행회사 등에서는 토지 가격을 자극하지 않고 작업을 할 수 있도록 나름대로 은밀하게 '밀사'를 풀어 작업에 들어가곤 한다. '밀사'는 다름아닌 ○○○실장 하는 식의, 회사 정식직원은 아니지만 회사를 대신해 토지매입 업무를 담당하고 있는 사람들을 지칭한다. 과거에는 전혀 다른 업무를 하다가 토지매입 작업을 하는 경우가 많았지만 지금은 나름대로 제도권내에서 상당한 부동산업무 지식을 가진 전문가들로 대체되고 있는 것이 현실이다.

그 이유는 토지주가 토지를 매도하기 위해서 발생할 수 있는 많은 문제(각종 매매에 따른 법률문제, 양도소득세 등 세금문제, 대체물건 확보문제 등)를 동시에 해결할 수 있는 능력이 필수적이기 때문이다. 단순하게 매도자를 기망에 빠뜨려 가격을 흥정하여 계약을 체결한 다음 무슨 문제가 생기더라도 나 몰라라 하는 토지 작업자는 이제 이 시장에서 버티기 힘들어졌기 때문이다.

수차례 접촉을 통하여 협상이 깨어졌다가, 다시 이어지는 과정이 몇 번 되풀이되고 난 후 정식 매매계약이 이루어진다. 토지원가가 정해졌기 때문에 전체 사업에 대한 최종적인 사업검토를 거쳐 사업시기 등을 결정한다. 결국 이때부터 시행회사는 더 바빠지게 된다. 설계작업을 통하여 평면선택, 대관청 인허가업무, 마케팅을 통한 분양업무 등이 일사천리로 진행되어야 하기 때문이다.

05

특정 지역으로 사람이 몰리는 이유는

　　　　　　　　동호인주택 사업을 하다보면 여러 경험을 하게 된다. 돈 벌어 본 사람들은 돈을 벌 수 있는 길목을 나름대로 체득하고 있다. 돈이 될 만한 곳에 미리 가서 충분히 기다리기 때문이다. 속칭 '알박이'를 하는 경우가 그렇다. 결국 토지 가격이 높아지는 이유이기도 하다.

　서울시 서초구 방배동과 서초동이 한껏 지역개발에 대한 기대감으로 들뜨고 있다. 서울시 강남의 주요 간선축인 테헤란로에 이어진 서초로는 뻗어나가지 못하고 대법원 앞을 지나 국군정보사령부 위용에 막혀 우회하여 방배역으로 연결된다. 따라서 방배동과 서초동 일부지역은 관내에서도 상대적으로 더딘 변화를 보이는 곳이었다. 지역주민들에게 정보사령부 이전 소식은 묵었던 체증이 한꺼번에 내려가는 시원한 발표였다.

　도보권내 지하철 7호선 내방역, 2호선 서초역이 있으며 강남의 허파 역할을 하는 17만여 평의 서리풀공원, 각종 편의시설 및 문화시설이 인근에 위치하여 고급주택지로 손색이 없는 이곳은 관통도로개설과 서초동 1498번지, 1541번지 일대 '꽃마을' 개발소식과 함께 앞으로 생길 개발효과와 기대이익으로 한껏 달아올랐다.

　정부의 적극적인 개입으로 부동산시장이 한풀 꺾이는 모습이지만 사실 새로운 투자처를 찾아 분주히 움직이고 있는 상황이다. 한동안 시중의 여유자금을 흡수하던 오피스텔, 주상복합아파트 등의 수익용 부동산상품은 그 수요를 초과하는 물량공급에 대한 우려로 투자중심에서 다소 비껴나는 모습이고 대신 토지시장이 그 수요를 대체하고 있는 것 같다. 그 중 일부는 발빠르게 언젠가(?)는 개발이 될 것이 확실한 방배동, 서초동 일대 잊혀진 재료에 관심을 가졌던 것으로 보여진다.

　사실 정보사령부 이전 발표는 이미 새로운 것이 아니다. 아는 사람은 다 알고 있었던 사실로 오래 전부터 예상된 일로 관련 보도가 여러 번 있었으며, 1978년 이미 도시계획시설상 도로로 지정되어 있었다. 다만 투자자 입장에서는 계획 발표가 아니라 실제적으로 투자에 대한 반사이익을 얻을 수 있는 시점이 언제인가 하는 것에 보다 많은 관심을 가지고 있었던 상태였다.

방배동 일대 토지 가격이 심상치 않다

주지하고 있는 사실이지만 전통적 고급주택지인 방배동 일대는 정보사령부 이전 발표 전부터 개발에 대한 변화가 감지되었다. 방배4동 지역을 중심으로 불기 시작한 개발붐은 사실상 정보사령부 이전 발표에 따라 최고조에 달한 것으로 보인다. 기존의 단독주택을 허물고 고급빌라, 아파트단지로 개발되면서 개발 가능한 단독주택 등은 그 가격이 이미 천정부지인 상태다.

2002년 초 이 지역의 단독주택 거래시세는 평당 1천만원 내외를 형성하고 있었으나, 지금은 토지주가 부르는 것이 값이다. 인근 중개업자에 따르면 토지평당 1천5백만원은 평균이고, 심지어는 2천만원까지도 호가하고 있는 상태라고 전언하고 있다.

수요가 있으면 공급은 있게 마련이다. 도로관통으로 인한 개발에 대한 기대로 고급빌라에 대한 수요가 늘자 건설회사는 상대적으로 저평가받았던 방배1동 지역으로 눈을 돌리고 있는 형편이다. 낙후된 다세대주택 등이 재건축 붐에 힘입어 대우, LG, 대림아파트 등 대형 고급아파트 단지로 변모함에 따라 방배1동은 방배4동의 고급주택 수요를 대체할 수 있는 지역으로 떠오르게 되었다.

투자자, 지금 투자해도 늦지 않나

사실 건설회사는 이미 오를대로 오른 토지 가격으로 인한 과중한 원가부담으로 앞으로의 사업진행 여부에 대한 심각한 고민에 빠져 있다. 팔릴 수 있는 분양가격은 정해져 있는데 토지 가격은 한없이 올라 수지타산이 맞지 않기 때문이다.

많은 건설회사는 토지 가격 상승에 따라 초기 투자비용을 최소화할 수 있는 새로운 개발방법을 찾고 있다. 예를 들면 토지주는

 절대로 손해 안보고 내 집 마련으로 재테크하는 기술

땅을 대고 건설회사는 공사를 하여 사업이익을 나누는 지주공동사업 방법, 토지주에게 동호인모집 방식을 통한 개발사업을 통하여 개발이익을 돌려주고 대신 도급공사를 수주하는 방법 등 나름대로의 대응방안 모색에 바쁜 모습이다.

투자자 입장에서는 섣불리 뛰어들기엔 다소 시기가 적절치 않아 보인다. 이미 정보사령부 이전이라는 개발재료에 대한 가격반영이 이루어져 사실상 단순 투자로 인한 양도차익 실현은 어렵기 때문이다. 하지만 틈새는 있다.

2005년 말경에야 정보사 이전이 완료된다고 한다. 조급한 투자마인드를 가지기보다는 '우량주'는 때가 되면 오를 것이라고 믿는 여유를 가진다면 방배동 지역에 관심을 가져도 좋다고 생각된다. 또한 주택상품 외에 업무시설, 상업시설에 대한 선투자는 2005년 후에 한번 더 각광을 받을 것으로 보여 지금 투자를 신중히 검토할 만하다.

06 이상한 동네, 그들만의 수요와 공급법칙이 있다

고전적인 동호인주택사업은 없다? 동호인주택 사업을 통해 공급되는 고급주택은 나름대로의 유통망을 형성하고 있다. 아는 사람만 안다는 이야기다. 결국 돈이 부족한 사업자와 돈이 있는 투자자가 형성하는 시장에는 이미 실수요자는 안중에도 없다.

최근의 부동산 열기는 결국 정부의 적극적인 시장개입으로 외관상 정중동의 형상이다. '보이는 손'은 1998년 부동산 급등기에도 그랬듯이 문제 없이(?) 시장을 장악한 모습이다. 하지만 부동산시장에 인위적인 힘(정부의 안정대책 등)이 개입하면 결국 소멸 없이 적절히 변신에 변신을 거듭할 뿐임을 우린 알아야 한다.

아울러 인위적인 힘에 의한 변신에는 적지않은 유통비용이 수반된다. 이런 비용은 어김 없이 시장가에 반영이 되며, 가격 상승에 따른 경제적 부담은 결국 실수요자인 서민들의 몫임에는 변함이 없다.

 절대로 손해 안보고 내 집 마련으로 재테크하는 기술

청담동, 방배동, 반포동 일대의 단독주택 등 주택 가격의 가격 급등세가 꺾일 줄 모르고 있다. 한때 토지평당 1천2백만원 내외를 호가하던 가격이 최근 들어서는 1천5백만원은 기본이다. 연초에 비하여 평균적으로 30% 이상 상승한 가격이다.

입지에 따라서는 그 이상인 곳도 많다. 시장 분위기가 대체로 실수요자 위주의 모습을 보이는 지금 유독 단독주택 가격이 강세를 보이는 이유는 과연 무엇일까. 그 이유는 지극히 단순하고 명료하다. "수요가 있는 곳에 공급이 있다."

청담동, 방배동 지역은 다른 지역과는 다른 특별한 그들만의 모습을 하고 있다. 한편 그곳에는 특별한 주택의 공급과 수요체계가 존재한다. 불특정 다수를 대상으로 하는 마케팅은 큰 의미가 없다. 그들이 생각하는 주택의 의미는 일반적이지 않다. 그들은 주택을 하나의 투자상품으로 생각하고 있는 듯하다.

투자자의 자본을 등에 업고 개발회사와 중개업자는 주택상품(동호인모집 방식에 의한 고급주택, 빌라)을 만들고 상품은 소리도 없이, 소문도 없이 시장에서 처리된다. 별도의 마케팅은 중요하지 않다. 한편 투자자에게 공급되는 가격과 시장에서 거래되는 가격은 최소 50% 이상 가격 차이가 난다. 이런 시세차익이 투자자에게 돌아가는 몫중의 하나일 것이다.

이상한 동네…… 그곳은 지금 개발 열풍에 휩싸여 있다

지금 방배동 지역에 가면 한집 건너 한집이 헐리고 있다. 분진막이 세워지고, 펜스가 세워져 저마다 본인들의 영토임을 대외적으로 과시하고 있다. 또 한 곳에서는 새로운 사업장을 확보하기 위한 단독주택 가격 흥정이 한창이다. 일단의 단독주택이 허물어지고 그 자리에 10층이 넘는 아파트가 들어서는가 하면, 대부분 5층~6층 규모의 중대형 고급빌라로 지어진다. 이런 이유로 이곳의 토지 가격은 한시도 잠들지 않는다.

나름대로의 사업이익 계산법을 가진 개발회사는 목표한 이익이 포커스에 들어오면 경쟁적으로 상한가 없는 매수가를 제시하며 단독주택 소유자를 자극한다. 단독주택 소유자는 이런 개발업자의 속성과 핸디캡을 또한 잘 알고 있으며, 나름대로의 대응방법도 노하우처럼 가지고 있다.

이상한 동네, 그곳에서는 불특정 다수가 아닌 그들만의 수요와 공급시스템에 의하여 주택시장을 형성한다. 상한가 없이 치솟는 토지 가격에 대하여 개발회사는 겨우 견딜 만한 모습이다. 이토록 토지 가격이 상한가 없이 오르니 말이다. 주택용지를 평당 2천만 원 달라는 말에 어찌 놀라지 않겠는가……

 절대로 손해 안보고 내 집 마련으로 재테크하는 기술

07 가격, 뿌려져야 이 프로젝트가 뜨는데

동호인주택을 개발하는 업자의 경우 피가 마른다. 우선 토지작업이 되어야만 사업이 가능한데 만만치가 않다. 현장에서 이뤄지는 내용을 느껴보자. 이런 일련의 작업 결과가 바로 개발사업의 순기능인 '주택 공급'이기 때문이다.

"아빠, 안녕히 다녀오세요……." 부동산 시행회사에 다니는 옥영표(41) 차장은 현관문을 통해서 들려오는 아들놈의 목소리가 귀에 들어오지 않는다. 머리속에는 오직 ○○번지 토지매매계약에 대한 걱정으로 가득 차 있기 때문이다. 잘 나가던 대기업 건설회사 주택사업부 말년 과장자리를 박차고 선배와 함께 차린 부동산개발 시행회사가 추진하는 첫번째 프로젝트의 성패가 오늘 결정나기 때문이었다.

첫번째 프로젝트를 성공적으로 추진하기 위한 가장 큰 변수는 다름아닌 사업대상 필지중 아직 매매계약을 체결하지 못한 ○○번지 1필지를 목표한 금액에 사야 하기 때문이다. 벌써 1주일 이상 줄다리기를 하고 있는 셈이다.

토지소유주인 이상해(52) 씨는 평소에는 참으로 다정다감하다가도 토지매매가격 이야기만 나오면 안색을 싹 바꾸면서 단호해지곤 했다. "난 절대로 집 안 팔아. 내 집은 터가 좋아서 이 집에 이사오고 난 후로는 뭐 하나 안 풀리는 일이 없었단 말이야." 김차장은 속이 부글부글 끓었다. 오히려 공개적으로 얼마를 달라고 하면 오히려 협상의 여지가 있겠지만 이상해 씨와 같은 토지주에게는 당할 재간이 없었다.

사무실에 도착할 즈음에 옥차장의 핸드폰이 활기차게 울렸다. "여보세요…… 옥차장님이시죠, 저, 왕부자부동산 윤사장입니다. 어제 좋은 꿈꾸셨나봐요." 김차장은 순간적으로 어제 윤사장이 이상해 씨 집에 담판을 지으러 가 보겠다고 했는데 뭔가 해냈구나 하는 감각적 예감이 들었다. "축하합니다. ○○번지 가격이 뿌려졌어요. 하하하." 이번 프로젝트의 성공을 예감하는 기분좋은 말이었다.

동호인주택 사업을 하기 위하여 필요한 토지의 규모는 분양할 평형규모에 의하여 결정된다. 동호인주택은 '주택건설촉진법' 적용 대상이 아니라 '건축법'의 적용을 받는다. 공급세대가 아무리 많아야 20세대 미만이기 때문이다.

방배동, 반포동 일대의 소액투자자에게 인기가 좋은 50평형 내외 중소형(?) 평형을 공급하기 위해서는 약 4필지 300평 내외가 된다. 부동산을 어느 정도 안다고 자부하는 사람들은 다소 의아한 생각이 들 수도 있다. 필지수를 거론하면서 평수를 말한다는 것을.

하지만 동호인주택 밀집지역인 청담동, 방배동, 반포동 지역은 대부분 토지 구획이 잘 되어 있어 기존 단독주택 부지면적이 대략 70평~80평대가 일반적이기 때문에 70평형 규모 4개 인접필지의 면적은 대략 300평 정도가 된다는 것을 알면 이해가 될 것이다.

현장에서 토지매입 작업을 하면서 가장 애로를 겪는 것은 팔 생각이 없는 것이 아니면서 가격협상에서 우위를 점하기 위한 신경전을 벌이는 일이다. 이럴 경우 장기전이 되거나 한편으로는 인근의 중개업소를 통한 해결방법을 모색한다. 동호인주택 사업의 가장 중요한 포인트는 건설회사 자체사업을 통한 일반분양 아파트나 주변시세 대비 저렴한 분양가에 있기 때문에 정해 놓은 목표금액 내에 토지를 매수하지 못하면 사업을 할 것인가, 포기할 것인가라는 심각한 순간에 직면하기 때문이다.

건축원가는 시공사와의 협상을 통하여 원가절감의 대안을 찾을 수 있겠지만 토지원가는 숙명처럼 받아들여야 하는 것이 현실이기 때문이다.

Ⅰ. 동호인주택 사업제안의 목적

◇ 국내 주택 부문 근본 문제인 수급 불균형이 해결되지 않는 한 지속적으로 주택에 대한 수요는 증가할 것임.

◇ 증가하는 주택 수요를 충족하기 위한 토지 공급은 지극히 제한된 상태로 대체 후보지에 대한 필요성 요구됨.

◇ 수요 초과에 따른 주택 문제는 대체로 수도권을 중심으로 발생하고 있으나 도시내 택지의 추가공급은 현실적으로 어려워 기존 단독주택지를 공동주택(고급빌라, 다세대 등)으로 대체하여 그 해결점을 찾을 수 있음.

◇ 다세대 공급물량 증가, 정부의 부동산경기 억제 정책 등은 부동산 사업에 분양성 문제를 제기하지만 도심 역세권 중급 주택은 품질 전략, 가격 전략, 마케팅 전략 등을 차별화하여 안정적인 수요 기반을 가지고 있음.

◇ 불특정 다수를 대상으로 하는 부동산상품(아파트, 오피스텔, 주상복합 등)의 경우 경기부침에 따라 안정적인 개발사업 운영을 어렵게 하지만 특정 지역에 가격 거품을 제거하여 투자수익을 예상할 수 있는 동호인빌라 사업은 대체로 지속적으로 성장할 수 있는 시장 잠재력을 보유하고 있음.

◇ ○○회사의 공신력, CM 수행능력, 다양한 사업 네트워크와 ○○회사의 동호인주택 수행 경험, 다양한 부동산 경험, 부동산 중개 및 컨설팅 경험 등을 적절하게 활용한다면 향후 안정적인

수익 기반 실현 가능함.

◇ ○○회사는 개발사업 시행, 시행대행 업무, 부동산 중개, 부동
산 컨설팅, 분양대행 등 폭넓은 업무 경험을 토대로 사업의 성
패를 가름하는 경쟁력 있는 토지 작업 및 구입, 동호인빌라 동
호인 모집, 투자자 동호인에 대한 원스톱 중개서비스, 동호인빌
라 분양대행 등에 대한 충분한 경험과 능력을 가지고 있음.

Ⅱ. 동호인주택 개발사업의 개요

1. 동호인주택 정의

구 분	내 용
동일한 그룹	같은 직업 등을 가진 동호인들이 직접 토지를 구입하여 자신의 경제여건에 맞춰 짓는 주택의 유형.
투자가치	직접 주택을 짓게 되므로 인하여 직접원가외 유통비용 등을 제거하여 저렴한 비용으로 주택 마련.
공사기간	통상 20세대 미만으로 짓게 되므로 공사기간이 짧아 자금 회전 및 운용이 유리.
편리성	청약통장 등 각종 제도적 제약에 구애받지 않고 손쉽게 내 집을 마련할 수 있음.

2. 동호인주택의 장단점

구 분	동호인주택	일반분양 아파트
토지취득세금	토지 매입시에만 취득세 납부 → 분양가 절약 (원소유자 → 동호인)	토지 매입시와 일반 분양시 두번 납부 → 가격 상승 (원소유자 → 시행 및 시공업체 → 동호인)
인허가 사항	인허가 내용이 간단 (건축법상 건축허가 대상)	인허가 소요시간 길고 복잡. (주택건설촉진법상 사업 승인 및 분양 승인 등 절차)
분양 가격	분양가 저렴 (각종 비용 및 시공사, 분양업체 사업 이익 배제)	동호인주택에 비하여 비싸며 시세차익도 거의 없음 (분양가에 사업 및 공사관리비, 분양 경비, 광고비 포함)
기타 사항	동호인의 취향을 반영하여 맞춤형으로 시공 1) 동호인 각자 원하는 　 스타일로 수시 변경 가능 2) 지속적인 공사 참여 가능	분양 계약과 동시 마감 자재 등 확정 후 공사 시공. 향후 분양 계약자가 자재 선정 등 참여 기회 없음

3. 동호인주택 추진시 검토 사항

구 분	확인할 내용	비 고
대상토지 구입 및 동호인 모집	1) 토지 구입 후 동호인 모집 (건축허가전 사전 동호인 모집 및 허가 후 광고 활용 동호인 모집) 2) 동호인주택 사업 성격 및 추진방향 결정 (동호인모집 방식의 주택사업 형식 선택 3) 사업의 주체 & 역할 　－사업시행 : (△△회사) 　－시공&CM : ○○회사 　－자금관리 : 시중은행(자금조달 및 중도금 대출, 분양금 관리 등)	－동호인주택 약정서 －부지매입 계약금 해결 방법 －부지매입 자금조달 방법 －시행사 및 시행대행사 활용
분양 금액 결정	1) 동호인 모집 분양가 결정(토지 소유권 이전 후 → 모집분양가＋등기관련 추가비용) 2) 층별, 향별 효용격차지수 적용하여 분양가 산정 3) 가격 할인 정책은 사용치 않음	－원가 분석 후 합의 결정
설계 및 허가	1) 고급빌라 경험 있는 설계업체 선정 및 용역계약 2) 대관청 업무 능력 강한 업체 선정 및 용역계약 3) 주변 민원 처리 능력 탁월한 업체 선정 및 용역계약	
자금 조달	자금관리 전담은행 섭외(자금조달, 중도금 대출, 분양자금 관리 등)	
시공 및 감리	○○회사 네트워크 활용	
시업이익 징산	1) 회사별 역할 분담 & 투자금액에 따른 투자수익 배분 2) 투자자, 동호인의 투자가치를 극대화할 수 있도록 진행 필요	

 절대로 손해 안보고 내 집 마련으로 재테크하는 기술

4. 동호인주택 진행절차

◇ 동호인주택(일반)

구 분	주요업무내용	세부 진행 절차	비 고

1단계	동호인
	조합 결성
		1) 직장동료, 친척 등 여러 의미의
		   동호인 구성
		2) 동호인조합 결성 후 조합장 선출
			1) 조합규약 등 작성
			2) 동호인 요구
			   사항 정리

2단계	사업 시행자
	선정
	(전문건설사
	에 업무대행)
		1) 원칙 : 동호인 조합 자체적으로 업무진행
		2) 대안 : 조합이 동호인의 조건과 부합
		   하면서 사업성을 겸비한 부지 검토.
		   매입이 어렵고 시공과 감리에 대한
		   구체적인 경험이 부족하다면 동호인
		   주택 전문시행사에 대행을 의뢰하는
		   것이 시간, 경비 면에서 유리	

3단계	대상 부지
	선정
		1) 모집된 동호인의 다양한 조건(가구수,
		   교통여건, 주변환경, 투자 가치 등)에
		   걸맞는 후보지를 복수로 검토
		2) 검토된 후보지를 대상으로 설계검토 의뢰	

4단계	기본계획안 확정	후보지 기본설계안 사업성 검토 및 부지 확정	
5단계	대상 부지 매입	선정부지 계약 및 인허가 절차 진행	동호인 명의로 지분 등기
6단계	시공 및 감리	1) 원칙 : 조합에서 직접 각 공정을 직영 2) 대안 : 효율성을 높이기 위해 도급 공사 검토	입주자 취향 마감재 선택
7단계	입주 및 사후 관리	1) 사용검사 후 입주 및 각종 하자보수 진행 2) 조합 자체적으로 주택 관리 실시	

◇ 동호인모집 방식의 개발 사업

구 분	주요업무내용	세부 진행절차	비 고
1단계	사업 후보지 검토	주요 대상 지역 토지 정보 수집 및 지주 작업	시행사
2단계	대상 사업부지 선정	기본 설계 및 사업성 검토	1) 설계사무소 2) 시행사
3단계	대상 부지 매입작업	지주 협의 및 매입 가격 조정	시행사
4단계	대상 부지 매매계약	매매계약 진행	
5단계	평면 검토 및 수정	대상부지 평면 조정 및 확정	1) 시행사 2) 설계사무소
6단계	건축허가 신청	건축허가 도면 작성 및 허가 신청	설계사무소
7단계	동호인 사전 모집	1) 기존 고객 마케팅 및 분양안내서 발송 2) T/M & D/M	시행사
8단계	건축허가 및 마케팅 준비	허가득 & 카탈로그/전단/분양안내문 /프랭카드 등	시행사+광고회사 등
9단계	동호인 모집 및 약정	사전모집 동호인 약정 & 신규 동호인 모집	
10단계	토지 소유권 이전	토지 소유권 이전 및 각 동호인별 지분 등기	
11단계	시공 및 CM	1) 시공 : ○○회사 협력업체 또는 브랜드 시공사 2) CM : 공정관리/공기관리/원가절감 /안정성 유지	
12단계	입주 및 사후관리	1) 사용 검사 후 입주 및 각종 하자 보수 진행 2) 입주업체 사후 종합 관리 실시	

5. 동호인모집 방식 개발 사업 역할 분담

구　분	업　무　내　용	비　고
시행사(△△회사)	1) 토지 선정 및 토지주 작업 2) 토지 매매계약 체결(계약금 조달 가능) 3) 건축 허가(공동) 4) 동호인 모집/분양 대행/마케팅 활동 5) 동호인 관리 및 입주 관리 6) 인근 부동산업체 관리	
CM(○○회사)	1) 공정 관리(공기/금액 절감) 2) 건축 허가(공동) 3) 토지대금 파이낸싱 　(일정기간 내 동호인 미달시) 4) 설계 및 감리사무소 관리 5) 설계 변경 등 건축주 역할 대행 업무	
시공사	1) 도급계약에 따른 시공 업무 　(시공사 ↔ 동호인) 2) 토지 대금 파이낸싱 　(일정기간 내 동호인 미달 시) 3) 중도금 무이자 대출시 은행 지급 보증	
협력업체	1) 설계 감리회사 : 건축 허가, 설계 변경 　등 업무 2) 광고대행회사 : 광고 홍보물 제작 및 배포 3) 세무회계회사 : 고급주택 구입 양도에 　따른 절세 대책 4) 변호사 : 계약에 따른 각종 민법 등 　법률 검토 5) 중개업체 : 동호인 모집, 투자자 확보 　업무 지원	

Ⅲ. 동호인주택 개발사업 사례 분석

1. 대상지 개발여건 분석

1) 대상지 개요

소재지	서울시 강남구 논현동 ○○번지
대지면적	
1) 공부상면적	1,053.30㎡(318.62평)
2) 도로제척면적	–
3) 실사용면적	1,053,30㎡(318.62평)
도로현황	
도시계획사항	일반주거지역/제3종 일반주거지역 입안
개별공시지가	2,040,000원/㎡(6,743,800원/평)
부지시세	
이용현황	
제한물권 분석	생략(필요시 첨부 가능함)

 절대로 손해 안보고 내 집 마련으로 재테크하는 기술

2) 입지여건 분석 및 평가

입지평가의 일반적인 기준		대상지의 입지 특성
SITE (부지 여건)	부지의 규모와 형태는 개발시 개발면적에 영향을 주며, 부가 법적 요건이 개발 가능 시설의 범위를 제약함	→ 부지 형태 및 위치 : 직사각형의 평탄한 경사지 입지 → 전형적인 주거 입지
ACCESS (접근성)	부지와 연계되는 도로구조 및 형태, 교통 수단별 접근 용이성은 상권의 범위를 결정하는 중요 요소	→ 부지 남측과 동측이 도로(6M) 접하여 자가용 진출입 용이함 → 지하철 7호선 ○○역 도보 7분 이내 도달 거리 입지 → 통과 교통이 적어 자동차 진출입 용이함.
주변 집객 시설	부지가 속한 구역의 집객력이 해당 부지가 주는 영향력 평가	→ 논현 연습장, 논현 가구거리가 인근에 위치함
경쟁 시설	1) 주변 시설은 개발 방향에 따라 양립/경쟁 시설로 작용 2) 경쟁이 적고 양립효과가 큰 시설 개발	→ 전형적인 주거 시설 밀집지역으로 향후 고밀도 주거 시설 예상

배후상권	**주거상권**	1) 부지 인근 주거밀집 정도 및 수준(반경 약 1~2㎞) 2) 시설의 기본적인 수요층으로 시설 전개에 있어 중요한 의미를 보유	→ 전면 : 6M 도로 및 보행자 통과 지역 → 후면 : 인접 대지 경계선과 접하여 유발 기능 없음 → 좌측 : 인접 대지 경계선과 접하여 유발 기능 없음 → 우측 : 6M 도로 및 보행자 통과 지역
	유동상권	전면 또는 측면의 도로를 이용하는 이용자 및 이용차량의 수	→ 전형적인 주거지역으로 상권 해당 사항 없음
	업무상권	1) 인근 지역에 근무하는 사람의 수 2) 상권타켓의 한 부문으로 소비경향이 특정 시간대에 집중되나 지속적인 상권	→ 전형적인 주거지역으로 상권 해당 사항 없음

3) 입지성 분석에 따른 전략적 시사점

전형적인 주거지역으로 현재는 단독주택을 중심으로 대체로 조방적인 토지활용(단독주택)이 되고 있으나 향후 집약적인 토지 활용(공동주택)으로 변모할 지역으로 판단됨.

방배동, 청담동 등의 개발사례로 보아 급속한 개발이 예상되며, 가격 경쟁력을 가진 토지를 선점한다면 수익성이 보장되는 개발사업으로 운용 가능한 지역임(고급주택 밀집지역)

4) 검토부지 위치도(생략)

2. 대상지 분양성 분석

1) 대상지 상품 차별화 전략

◇ 대상지 상품 차별화 전략

주거환경	접근성	입지성
- 쾌적한 주거환경 - 통과 교통 적음 - 주변 편익시설 양호	- 7호선 ○○, ○○역 - 다양한 버스노선 - 외곽 진출입 용이	- 전형적인 주거지역

편익시설	공공시설
- 주변 편익시설 양호	- 주변 공공시설 양호

◇ 전략적 시사점

전형적인 주거지역내 고급빌라 입지로서 고급 이미지 차별화 및 대기업 브랜드 파워를 충분히 활용하고자 함.

2) 가격 분석

◇ 논현동 지역 고급빌라 시세 및 분양 가격

지번	빌라명	평 형			매매(분양)가	평 단 가		비고
		계약면적	공급면적	전용면적		계약면적	전용면적	

- 최근 분양사례/가격/프리미엄/인근시세 비교
- 적정 분양가의 산정(VAT 포함)

　73평형(전용 45.59평) : 702,528천원

　62평형(전용 38.59평) : 600,384천원

　53평형(전용 31.69평) : 509,280천원

◇ 전략적 시사점

- 인근지역 동호인 모집금액 + @(대기업 브랜드파워) 수준에서 경쟁력 있는 가격으로 결정함.

3. 대상지 사업성 분석

1) 건축계획 개요

항　　목		내　　용		
① 소재지		서울특별시 강남구 논현동 ○○번지		
② 지목 / 지적		대/1,053.30㎡ (318.62평)		
③ 공적규제	용도지역	일반주거지역	용도지구	−
	건 폐 율	%	용적율	%
④ 건축개요	건물구조	철근 콘크리트		
	건물용도	공동주택(아파트)		
	건축면적	98.80평	건축연면적	1,085.71평
	건 폐 율	31.01%	용적율	211.99%
	주차대수	계획 : 실시	34대 : 40대	
⑤ 기타		＊사업기간 :　개월 (설계 및 인허가　개월, 시공　개월)		

2) 사업성 분석

◇ 사업성 분석의 전제

<table>
<tr><td>기
본
전
제</td><td>
−수지 검토의 근간은 공사비와 토지비로 구성됨.
−공사비와 기타 비용의 경우 사업 시행시 다소 탄력적으로 대응이 가능한 부분임.
−토지비의 경우 시장이 제시하는 가격으로 본 개발 사업의 가장 중요한 요소임.
−토지 가격을 얼마에 구매하느냐에 따라 사업의 근본적인 성패가 가름됨.
−해당 지역에 대하여 지속적으로 토지 작업 및 경쟁력 있는 사업부지를 직접 물색할 예정임.
</td></tr>
<tr><td>수
익
전
제</td><td>
−사업의 성공여부를 판단하는 중요 요소인 분양성 문제에 대하여 경쟁력 있는 분양가로 대응함.
−동호인 모집 방식 개발사업의 특성을 살려 거품을 제거한 분양가+브랜드 파워를 결합함.
−향후 자체 상품 브랜드를 개발하여 사업이익을 극대화하고자 함.
</td></tr>
<tr><td>비
용
전
제</td><td>
−공사비는 상품의 질을 유지하기 위하여 적정가격으로 책정하고자 함.
−지명도 및 경쟁력을 갖춘 시공사 브랜드를 적극적으로 활용하여 분양성, 사업성을 높이고자 함.
−광고 및 홍보 활동을 적절히 하여 지속적인 동호인 모집 및 관리함.
−초기에 적극적으로 동호인을 모집하여 금융비용 발생을 억제코저 함.
−대형 평형의 경우 샘플하우스를 설치하는 것이 필요함(비용 증가 예상).
</td></tr>
</table>

◇ 사업수지 분석(요약)

I. 매출금액	
1) 아파트 분양수입	
2) 매출부가세	
II. 매출원가	
1) 토지매입원가	토지매입 단가 기준
2) 공사비	공사비 단가 기준
3) 인허가 비용	
4) 마케팅 비용	
5) 사업관련 비용	
III. 매출이익	역할과 투자비율에 따른 사업수익 분배
(매출이익률)	

◇ 자금운영계획

구 분	금 액	운영지출 예상	기 　타
공사비		−공사 기성율에 따른 공사비 조달계획 　수립 −공사비의 조달 계획에 따른 검토 필요 −금융권 공사비 지급보증 방법 연구 잔금지급 (보증금액)	계약시 10% 진행자금 진행자금 진행자금
기지급 자금			공사 진행비
대출신청액			진행에 따라 지급
수입금액			
상환금			준공예정일 : 준공 후 상환액 100% (대출이자 포함)

4. 대상지 종합분석 및 대안

구 분	현황 및 문제점	전략적 대응방안
입지분석	−전형적인 고급주택지로서 지역 인지도 높음 −방배동, 청담동 등 기존 사업지 대체 가능 지역 −대체로 고급주택 지역으로 쾌적한 주거환경 유지	−대체로 양호한 지역
분양성 분 석	−인근 경쟁업체 분양가 검토 및 대응 가격 설정 −최대한 원가절감으로 경쟁력 있는 분양가 설정 −초기 적절한 마케팅으로 사전 동호인 모집 집중	−인근지역 아파트 분양가 상승으로 대체 주택 필요 −거품을 제거한 분양으로 경쟁력 확보
사업성 분 석	−토지 구입 가격이 사업성에 절대적인 영향을 줌 −현장에서 직접 토지주와 접촉하여 작업예정 −지명도 있는 시공회사 선택으로 사업성 제고	−사업성 있는 토지 확보가 사업의 관건
종합분석	−지역적으로 고급주택 입지로서는 양호한 편임 −지속적으로 사업을 확대할 수 있는 여지 있음 −역세권 중급빌라 사업지로 적합 −점차 동호인 사업자의 주목을 받고 있는 지역 −동호인주택 사업지로서 적합	−지속적으로 동호인빌라 사업이 가능한 지역

5. 종합 의견

(1) 대상 지역은 기존 동호인빌라 사업지인 청담동, 방배동 지역의 대체 개발지로 적합한 지역임.

(2) 경쟁업체 시장진입 전에 선점할 수 있는 기회를 적극적으로 활용하고자 함.

(3) 동시 기존 검증된 사업지인 청담동, 방배동 지역에 대한 토지 작업 적극적으로 시도함.

(4) 경쟁업체 사례로 보아 일단 시장 진입하면 인근 지역에 대한 토지 작업 어렵지 않으며, 동시에 몇 개 현장으로 사업 영역이 확대될 것으로 예상됨

→ ○○건설의 경우 청담동 일대에서 사업을 진행하다가 토지 가격 상승에 따른 경쟁력 저하로 대체 후보지로서 방배동 지역에 진입하여 현재 다수의 사업장에 대한 동호인 모집을 성공적으로 마친 상태임.

(5) 사업의 안정성을 위하여 지명도 및 브랜드 파워를 겸비한 시공업체 브랜드를 활용하는 것이 필요함.

내 집 마련에 힘이 되는 인터넷 재테크 사이트

흔히 사람들은 한 달의 월급 200여만 원을 받기 위해 아침에 일어나 출근하고 일하고 저녁에 늦게야 집에 돌아옵니다. 이것을 한 달간 해야만 한 달 월급을 받습니다. 그러면 5년 동안 월급을 모아, 아니면 10여 년 동안 월급을 모아 집을 살 때에는 얼마나 노력을 하는지 묻고 싶습니다.

옛날과 달리 요즘은 앉아서도 모든 걸 알 수 있는 시대입니다. 인터넷을 통해 좀더 많은 정보를 얻고 그 정보를 가지고 발품을 판다면 1~2천만 원의 재테크는 쉽지 않을까요? 싸게 사고 높게 팔고 또 싸게 사는 게 재테크의 요령입니다.

이제 인터넷 재테크 사이트를 통해 정보도 얻고 공부도 하고 돈도 버시기 바랍니다.

내 집 마련에 힘이 되는 인터넷 재테크 사이트

내 집을 마련하는 과정에는 많은 고민이 뒤따르게 마련이다. 대개는 스스로 해결하려고 노력하겠지만 한계가 있다. 이럴 경우 인터넷은 적지 않은 힘이 된다. 재테크에 관한 고민은 물론이거니와 내 집을 마련하기 위한 다양한 정보를 인터넷을 통해서 해결할 수 있다는 것이다.

1. 부동산 포털 사이트를 활용하자

부동산 포털 사이트에는 내 집 마련에 직접적인 도움을 얻을 수 있는 다양한 정보가 있다. 구입하려고 하는 아파트의 현재 가격, 미래 가격을 얻을 수 있다. 주택구입에 따른 취득등록세, 매도에 따른 양도소득세를 미리 계산할 수 있는 정보가 있다. 아울러 주택보유에 따른 재산세, 종합토지세에 대한 계산방법을 얻을 수 있다. 신뢰할 만한 부동산 포털 사이트를 정리한다.

닥터아파트(www.drapt.com)

부동산114(www.r114.co.kr)

매일경제신문 부동산 섹션(www.mk.co.kr)

한국경제신문 부동산 섹션(www.hankyung.com)

중앙일보 부동산 섹션(www.joins.com)

한국아파트신문(www.hapt.co.kr)

부동산 플러스(www.rep.co.kr)

유니에셋(www.uniasset.com)

부동산서브(www.serve.co.kr)

스피드뱅크(www.speedbank.co.kr)

부동산뱅크(www.neonet.co.kr)

텐(www.ten.co.kr)

2. 부동산 재테크 사이트를 활용하자

사회 초년생으로서 이제 내 집 마련 계획을 세우는 사람에게나, 내 집을 마련했으나 좀더 넓은 집으로 옮기려는 사람들의 관심은 같을 것이다. 어떻게 하면 나에게 맞는 재테크 방법을 찾을 것인가, 저금리 상황에서 좀더 많은 이자를 받을 수 있는 금융상품은 무엇인지 등에 대한 정보가 있어야 한다.

1,000만원을 1년 동안 맡겨도 금리로 돌아오는 돈이 채 40만원도 되지 않자 예전에는 은행에 돈을 맡겨두기만 했던 개인들이 조금이라도 높은수익을 올리기 위해 적극적으로 투자처를 찾아 나서고 있는 상황이다.

이런 경우 금융 포털 사이트는 최고금리 은행상품, 은행별 수수

료 비교 및 절세전략, 재테크 핫이슈, 목돈마련 계산기, 저축가능
액 계산기 등의 정보를 무료를 이용할 수 있다.

웰시아(www.wealthia.com)

이 사이트는 금융권의 최고 금리 상품은 물론 추천상품, 내게 맞
는 상품 코너 등을 통해 은행 보험 저축은행 종금사의 상품을 일괄
적으로 소개해 주고 있다.

특히 내 집 마련의 묘수 20대의 결혼자금 재테크 등 눈여겨볼
만한 재테크 전문가들의 칼럼을 선별, 정보에 목말라 있는 개인들
이 상품을 선택할 수 있도록 도와준다.

가장 눈에 띄는 코너는 맞춤 포트폴리오 구성. 자금의 용도와 개
인의 신상정보를 입력하면 연령·용도별로 운용 가능한 금융상품
이 산출된다.

이모든닷컴(www.emoden.com)

금융권의 상품은 물론 주식, 명품거래 서비스를 제공하는 사이
트. 이 사이트의 가장 큰 장점은 개인이 사용 중인 모든 계좌를 통
합관리, 한 눈에 볼 수 있다는 것. 은행은 물론 제2금융 계좌까지
등록이 가능하며 자산운용 현황에 대한 진단도 가능, 잘못된 재테
크 방법을 바로잡을 수도 있다.

다음(www.daum.net)의 재테크 커뮤니티 사이트

'맞벌이부부 10년 10억 모으기(회원 수 8만2000명)', '재테크(1
만1000명)', '부동산 투자정보와 투자자들의 모임(1만6900명)' 등

의 615개에 달하는 사이트도 눈여겨볼 필요가 있다.

맞벌이 부부, 미혼일 경우 각각 돈을 모으는 방법부터 절약 노하우는 물론, 금융권에서 판매하는 상품의 알짜배기 정보도 공유할 수 있도록 돼 있다.

이머니(www.emoney.co.kr)
네오머니(www.neomoney.co.kr)
머니오케이(www.moneyok.co.kr)

3. 생활에 도움이 되는 재테크 관련 사이트

공시지가 확인, 시군구의 건축조례, 지가동향정보, 연구보고서, 건설회사 정보, 지도정보, 주택관련 통계자료, 전원주택정보, 재건축 정보 등의 실생활에 유용한 다양한 정보를 인터넷으로 이용할 수 있다.

한국감정원(www.kab.co.kr)
한국토지신탁(www.homevisor.com)
한국자산관리공사(www.kamco.or.kr)
한국감정평가협회(kapanet.co.kr)
건설교통부(www.moct.go.kr)
국토연구원(krihs.re.kr)
한국토지공사(www.koland.co.kr)
산림청(www.foa.go.kr)
서울시정개발연구원(www.sdi.re.kr)

절대로 손해 안보고 내 집 마련으로 재테크하는 기술

은행 홈페이지 부동산정보
대법원(www.scourt.go.kr)
국세청(www.nts.go.kr)

4. 재테크 정보 이용할 때 유의할 점

인터넷 재테크 정보의 이용에 따른 책임은 사용자에게 있다는 점을 기억해야 한다. 통상 재테크 사이트의 경우 그 신뢰성, 정보의 신속한 갱신 등을 따져 활용여부를 결정하여야 하기 때문이다. 시간이 지나 유효성이 떨어진 정보, 신뢰성이 떨어지는 개인의견 등을 맹신하다가는 오히려 득보다 실이 생길 수도 있다.

인터넷은 많은 활용가치가 있다. 재테크에 관심이 있는 사람, 내 집 마련에 관심이 있는 사람은 필요한 사이트에 대하여는 북마크를 해놓고 적어도 하루 한번 이상 방문하여 필요한 정보를 스크랩하는 것이 반드시 필요하다. 꼭 필요한 사이트의 경우 사이트맵을 정확히 이해하면서 활용한다면 아주 유용한 정보 길라잡이가 될 것이 분명하다.

　“인생역전(人生逆轉)”을 생각해 보신 적이 있으신지요? 아마도 살면서 복권을 한장도 사보지 않은 사람은 별로 없을 것이라고 생각합니다. 얼마 전 전국을 들끓게 했던 ‘로또열풍’을 기억하고 계시지요. ‘평범한 일상’보다는 ‘대박의 꿈’에 대한 환상에 도취한 사람들이 참으로 많았습니다.

　언젠가 한 주간지에서 ‘복권당첨과 쿠니의 불행’이라는 경제칼럼을 본 기억이 새롭습니다. 자동차 수리공 쿠니는 26세의 나이에 무려 2070만달러에 달하는 거액의 복권에 당첨되었습니다. 그 대박에도 불구하고 종전과 같은 생활을 하겠다는 당첨소감은 불과 며칠 가지 못했습니다. 먼저 자신이 일하던 자동차 판매회사를 인수하고, 그의 부인도 도너츠 가게를 그만두었습니다.

　이 가정은 일시적인 소득의 증가로 소비문화가 완전히 바뀌어 상류생활을 즐기게 되었습니다. 그러나 얼마 가지 않아 그가 인수한 기업은 방만한 경영으로 부실화됐고, 넘치는 돈으로 투자했던 모든 사업이 순조롭지 못했습니다. 그 결과 부인과 이혼해 가정이 파탄에 이르고, 재산을 탕진하여 빚에 얽매어 전전긍긍하는 처량한 신세가 되었다는 그런 이야기입니다.

　일반적으로 가계의 소비행태는 상당히 오랫동안 지속되는 소득

수준에 맞춰 소비수준을 결정하게 됩니다. 상당히 오랫동안 지속되는 소득을 항상소득 또는 영구소득이라고 합니다. 가계의 소비행태가 일시적인 소득보다는 장기적인 소득수준에 의해 결정된다고 보는 것을 바로 '프리드만(M. Fridman)의 항상소득가설' 이라고 하죠.

부동산으로 '대박의 꿈' 을 이뤘다는 많은 이야기들이 들리고 있습니다. 벌었다는 금액의 단위가 '억' 은 기본입니다. 그러니 소위 혼자서 움직이는 떳다방(속칭 '나방')이 돈이 될 만한 곳이면 어디든 다니며, 단타로 버는 몇천만원은 돈 취급도 받지 못하는 분위기죠. 어디 말이나 되는 소리입니까?

독자 여러분, '대박' 도 말고 '중박' 도 말고 열심히 일하고 노력하면 기대할 수 있는 '소박의 꿈' 을 이루기 위한 평범한 일상을 다시 한번 들여다볼 때라고 느껴집니다. 모두가 부자가 될 수는 없어도 노력하는 만큼의 대가가 주어지는 세상입니다. 좀더 주어진 현실에 충실하여야 할 것입니다. 다만 잊지 말아야 할 것이 하나 있습니다. 이런 '평범한 일상' 을 가능하게 하는 것은 바로 "내 집 마련으로, 그리고 내 집 마련이 재테크가 된다면" '소박한 꿈' 을 이룰 수 있다는 것입니다. 아시겠죠?

그리고 그 '소박한 꿈' 을 계속해서 노력하고 투자처를 찾아나간다면 언젠가 '대박' 은 아니더라도 '중박' 은 되지 않을까요? 독자 여러분의 가정에 행복, 건강, 지혜, 돈이 함께 했으면 합니다.

어득해 올림